運動と栄養と食品

伏木　亨［編集］

下村吉治
林　達也
豊田太郎
井上和生
松村成暢
石原健吾
吉田宗弘
水野谷航
柴草哲朗
森谷敏夫
永井成美［著］

朝倉書店

執 筆 者 (執筆順)

下村 吉治	名古屋工業大学大学院工学研究科 物質工学専攻
林 達也	京都大学大学院人間・環境学研究科 共生人間学専攻
豊田 太郎	京都大学大学院農学研究科 食品生物科学専攻
井上 和生	京都大学大学院農学研究科 食品生物科学専攻
松村 成暢	京都大学大学院農学研究科 食品生物科学専攻
石原 健吾	椙山女学園大学生活科学部 食品栄養学科
吉田 宗弘	関西大学工学部生物工学科
水野谷 航	九州大学大学院農学研究院 生物機能科学部門
柴草 哲朗	京都大学大学院農学研究科 食品生物科学専攻
森谷 敏夫	京都大学大学院人間・環境学研究科 共生人間学専攻
永井 成美	岡山県立大学保健福祉学部栄養学科

はじめに

　朝倉書店『スポーツと栄養と食品』が出版されて10年になる．本書はそのいわば姉妹編である．この間，栄養学や食品科学分野において運動・スポーツに対する理解は飛躍的に進んだ．運動能力に影響を与える食品成分の開発もしばしば関連学会の話題になっている．また，運動・食品と自律神経，運動・食品と疲労などの研究分野も登場した．食品分野の関係者のみならず一般人までが食品と運動やスポーツの科学の関わり合いに興味をいだくようになったのである．

　食品や栄養の分野において運動の科学に興味をもつ研究者がごく少数であった時代，栄養学が注目したのは運動によるエネルギー代謝のダイナミックな動きであった．食品成分を摂取しても，生体の恒常性維持の厚い壁にはばまれ，代謝状態が顕著に動くことはほとんどなかった．栄養学の研究者にとって，運動がいとも容易に生態の恒常性維持を突き破ることは驚きであった．それほど，運動というのは人間や動物にとって切迫した緊急事態であることを，栄養学の研究者ははじめて知ったのである．

　運動の本質が敵と戦い生命を維持する機能であることを考えると，顕著な代謝変化を伴うことは至極当然であった．運動やスポーツは現代人の生活の中で，異常事態ではなく，当たり前の行動として定着している．代謝の研究者にとって非常に魅力的な生理的条件なのである．

　しかも，運動によってエネルギーが消費されることは，現代人にとって福音ともいうべきことである．生活習慣病の増加が懸念される今日，期待される健康科学の中心は食と運動である．食事はエネルギーの摂取，運動やスポーツはエネルギーの消費のそれぞれ代表的な行動である．生活習慣病のリスクを高める肥満や脂肪代謝の齟齬は，エネルギーの摂取と消費の両方を捉えることによって正しい理解と対策が可能になる．新しい栄養科学や健康科学は，食事と運動の有機的な関係を包含するものでなくてはならない．

　現代栄養学や食品科学と運動・スポーツの科学の共通の課題の一つが，本書の

取り上げる内容である．さらに運動や食事が大きな影響を与える自律神経の活動をも本書はカバーしている．10年の歳月を経て，『スポーツと栄養と食品』は，この分野の関係者の今日的な要望に的確に応えるために内容を一新した．運動と食物摂取が同じ次元で取り扱われることを想定している．『スポーツと栄養と食品』がこの分野の入門書的性格をもつとしたら，本書はそのアドバンス版であるといえるかもしれない．

　本書の著者には，若い研究者を積極的にリクルートした．先端の現場の科学を少しでも表現したかったからである．元気のよい研究者らであるので老練な文章表現とはいえないが，そのダイナミックな動きを感じ取っていただければ幸いである．これらの内容は遠からず食品・栄養分野の重要なトピックスとなるものであると編者は確信している．

　本書の企画・編集に多大な尽力をいただいた朝倉書店の方がたにこの場を借りて感謝したい．

2006年10月

編者　伏木　亨

目　　次

1. **運動とアミノ酸・タンパク質** ……………………………〔下村吉治〕1
   - 1.1 アミノ酸代謝への運動の影響 …………………………………2
   - 1.2 分岐鎖アミノ酸（BCAA）代謝と運動 ………………………7
   - 1.3 グルコース-アラニン回路 ……………………………………11
   - 1.4 中枢性疲労とアミノ酸 …………………………………………11
   - 1.5 筋タンパク質合成とアミノ酸 …………………………………12
   - 1.6 体づくりのためのタンパク質・アミノ酸摂取 ………………15

2. **運動と筋肉への糖吸収機構** ………………………〔林　達也・豊田太郎〕19
   - 2.1 運動時の骨格筋エネルギー産生における糖代謝の役割 ……19
   - 2.2 GLUT4のトランスロケーションと糖輸送促進 ………………21
   - 2.3 筋収縮が糖輸送を促進するメカニズム ………………………23
   - 2.4 運動によるインスリン感受性（インスリン依存性糖輸送）の亢進 ……30
   - 2.5 インスリン作用調節と食品成分 ………………………………33
   - 2.6 糖尿病の運動療法 ………………………………………………37

3. **運動における疲労感発生のメカニズム** …………〔井上和生・松村成暢〕43
   - 3.1 現代社会と疲労 …………………………………………………43
   - 3.2 運動と疲労 ………………………………………………………44
   - 3.3 脳内サイトカインの役割 ………………………………………46
   - 3.4 疲労感とエネルギー代謝 ………………………………………48
   - 3.5 発熱と疲労 ………………………………………………………50

4. **筋肉増強のメカニズム** …………………………………〔井上和生〕54
   - 4.1 筋肉の遺伝子発現 ………………………………………………54

4.2　骨格筋に対するトレーニングの影響 ……………………………………58
  4.3　食品成分と筋肉増強 ………………………………………………………62

5.　エネルギー代謝と食品 ……………………………………〔石原健吾〕65
  5.1　運動中のエネルギー源になる栄養素 ……………………………………65
  5.2　栄養素が利用される割合は運動中に変化する …………………………66
  5.3　運動能力を低下させる要因 ………………………………………………69
  5.4　運動強度の指標 ……………………………………………………………70
  5.5　運動能力の指標 ……………………………………………………………71
  5.6　有酸素運動能力を高める栄養摂取の方法 ………………………………73
  5.7　運動前の食事 ………………………………………………………………73
  5.8　運動中の栄養補給 …………………………………………………………75
  5.9　運動後の栄養補給 …………………………………………………………77
  5.10　ダイエットと運動 ………………………………………………………78
  5.11　特殊な食品成分と持久運動能力 ………………………………………79

6.　運動とミネラル ……………………………………………〔吉田宗弘〕81
  6.1　筋肉とミネラル ……………………………………………………………81
  6.2　エネルギー産生とミネラル ………………………………………………85
  6.3　骨代謝とミネラル …………………………………………………………88
  6.4　発汗とミネラル ……………………………………………………………91
  6.5　運動性貧血 …………………………………………………………………93
  6.6　ミネラルサプリメントの意義 ……………………………………………97

7.　運動時における各臓器のエネルギー代謝への寄与
    ……………………………………………………〔水野谷 航・柴草哲朗〕100
  7.1　エネルギー代謝調節機構についてのこれまでの諸説 …………………100
  7.2　運動時における各臓器のエネルギー代謝応答 …………………………107
  7.3　中枢神経系によるエネルギー代謝調節制御機構 ………………………113
  7.4　中枢神経系による運動時のエネルギー代謝調節機構 …………………119

8. 運 動 と 食 品……………………………〔森谷敏夫・永井成美〕124
   8.1　自律神経とは ……………………………………………124
   8.2　自律神経活動測定法 ……………………………………126
   8.3　肥満・糖尿病と自律神経 ………………………………135
   8.4　運動と自律神経活動 ……………………………………137
   8.5　自律神経に及ぼす運動の効果 …………………………140
   8.6　食品成分と自律神経 ……………………………………145

索　　引 ……………………………………………………………157

1. 運動とアミノ酸・タンパク質

　運動は，エネルギー代謝を著しく亢進するため，主な体内のエネルギー源である炭水化物と脂肪の酸化分解が促進される．さらに，運動時には身体の主要構成成分であるタンパク質も分解され，生成されたアミノ酸もある程度のエネルギー源となる．このように運動は体内の種々の代謝を促進するが，特に運動の中心的臓器である骨格筋ではその代謝変動が大きい．一方，運動による刺激は，エネルギー基質の分解ばかりでなく，運動後にはタンパク質合成を促進する作用ももたらす．やはり，この運動の作用は骨格筋で大きく，運動による筋肉づくりの作用として知られている．

　骨格筋は，水分が80%を占め，残りはほとんどタンパク質から成り立っている．さらに，骨格筋は体重の35～40%を占めるので，全身におけるタンパク質の貯蔵庫であるといえる．ウェイトトレーニングのような運動トレーニングにより，筋肉が肥大し，筋タンパク量も増えることは良く知られた事実であり，この現象は，運動により筋肉のタンパク質とアミノ酸代謝に大きな影響が及んだ結果である．

　ヒトのタンパク質を構成するアミノ酸は20種類あり，そのうち9種類が成人の必須アミノ酸（体内で合成できないアミノ酸）である（表1.1）．したがって，運動により筋肉づくりをする場合には，十分な必須アミノ酸を摂取する必要がある．食物中のタンパク質を構成する必須アミノ酸の中で，**分岐鎖アミノ酸**（branched-chain amino acids, BCAA：バリン，ロイシン，イソロイシンの総称）の占める割合は40～50%ときわめて高く，ヒトの筋タンパク質中のその割合も約35%と高い．したがって，筋肉づくりに果たすBCAAの役割は大きく，逆に，運動中に分解する量もかなりあると考えられている．

　本章では，筋肉におけるアミノ酸代謝に対する運動の影響をBCAAを中心に

表1.1 タンパク質を構成する主要なアミノ酸

必須アミノ酸 (9種類)	非必須アミノ酸 (11種類)
ロイシン*　　⎫ イソロイシン*　⎬分岐鎖アミノ酸 バリン*　　　⎭　(BCAA) スレオニン トリプトファン ヒスチジン フェニルアラニン メチオニン リジン	アスパラギン アスパラギン酸* アラニン* アルギニン グリシン グルタミン グルタミン酸* システイン セリン チロシン プロリン

*筋肉で酸化されるアミノ酸

述べ，肝臓のその代謝に対する影響についても言及する．さらに，体づくりのためのタンパク質・アミノ酸の摂取法を最後に考察する．

1.1 アミノ酸代謝への運動の影響

a. 運動によるアンモニアおよび尿素生成の促進

生体内のアミノ酸の起源は，食物中のタンパク質と組織を形成する内因性のタンパク質である．いずれのタンパク質もアミノ酸にまで分解されたのち，体内でタンパク質合成に再利用されるか，もしくはさらに分解されてグルコース（ブドウ糖）および脂肪に変換されるか，または完全酸化されて炭酸ガスと水になる（図1.1）．

アミノ酸の分解では，その炭素骨格とアミノ基は別々の代謝経路により処理される．すなわち，炭素骨格は他の物質に変換されたり完全酸化されるが，アミノ基は転移反応を受けた後，最終的にアンモニアを生成する（図1.1）．アンモニアは肝臓でさらに尿素に変換され，尿中へ排泄される．

1) アンモニアの生成とその作用　ヒトの安静な状態では，血中のアンモニア濃度は30～40 $\mu mol/l$ であるが，運動を持続すると，筋肉においてアンモニア生成が高まり血中のアンモニア濃度は上昇する．その上昇の度合いは，ヒトの条件（トレーニングをどの程度しているか，運動前の筋グリコーゲン量，運動のタ

1.1 アミノ酸代謝への運動の影響

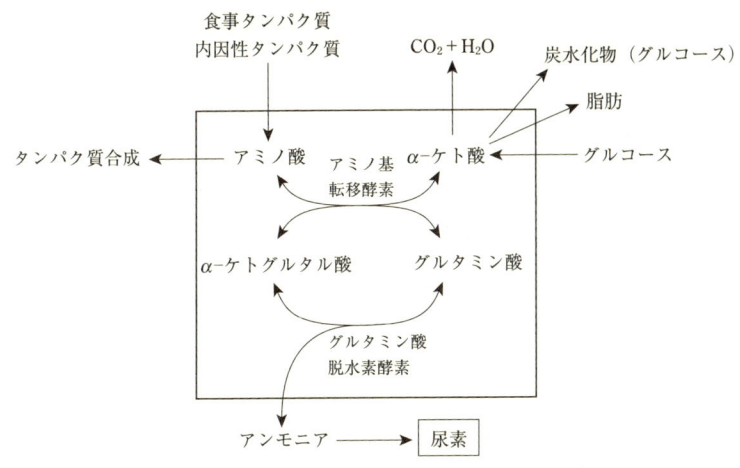

```
      食事タンパク質
      内因性タンパク質      CO₂+H₂O    炭水化物（グルコース）
                 ↓          ↑          ↙
                                        脂肪
                                        ↙
  タンパク質合成 ← アミノ酸     α-ケト酸 ← グルコース
                    ↘ アミノ基 ↗
                      転移酵素
                    ↙         ↘
            α-ケトグルタル酸    グルタミン酸
                    ↖ グルタミン酸 ↙
                       脱水素酵素

            アンモニア ──→ 尿素
```

図1.1 アミノ酸・タンパク質代謝における尿素生成

イプなど）により異なるが，100 μmol/l 以上にも達することが報告されている．このアンモニアの由来は，アミノ酸の分解によっても発生するが，主にはプリンヌクレオチドサイクル（図1.2）において AMP デアミナーゼによりアデノシン1-リン酸（AMP）からイノシン1-リン酸（IMP）が生成されるときに遊離されるアンモニアであると考えられている．プリンヌクレオチドサイクルに取り込まれるアミノ基の主要な供給源は BCAA である（図1.2）．

アンモニアと疲労の関係はまだ十分にわかっていないが，アンモニアの蓄積は次の理由により疲労を促進すると考えられる．一つは，アンモニアの脳・神経系に対する作用で，脳内にアンモニアが蓄積すると，グルタミンを生成してグルタミン酸を減少させる．グルタミン酸は，神経細胞の活性の調節物質である γ-アミノ酪酸（GABA）の生成に必要であるため，その減少は GABA の減少を引き起こし，神経系の機能低下をもたらして中枢性疲労の原因となると考えられる．他の一つは，筋肉に対する作用で，筋肉にアンモニアが蓄積すると，解糖系のホスホフルクトキナーゼが活性化され解糖が進み乳酸の生成が促進される（図1.2）．さらに，アンモニアはクエン酸回路の成分である α-ケトグルタル酸に結合しグルタミン酸になることにより，クエン酸回路の回転を阻害する．これらの理由により，アンモニアは筋肉での疲労も促進する可能性が考えられるが，先にも述べたように，アンモニアの影響については不明な部分が多い．

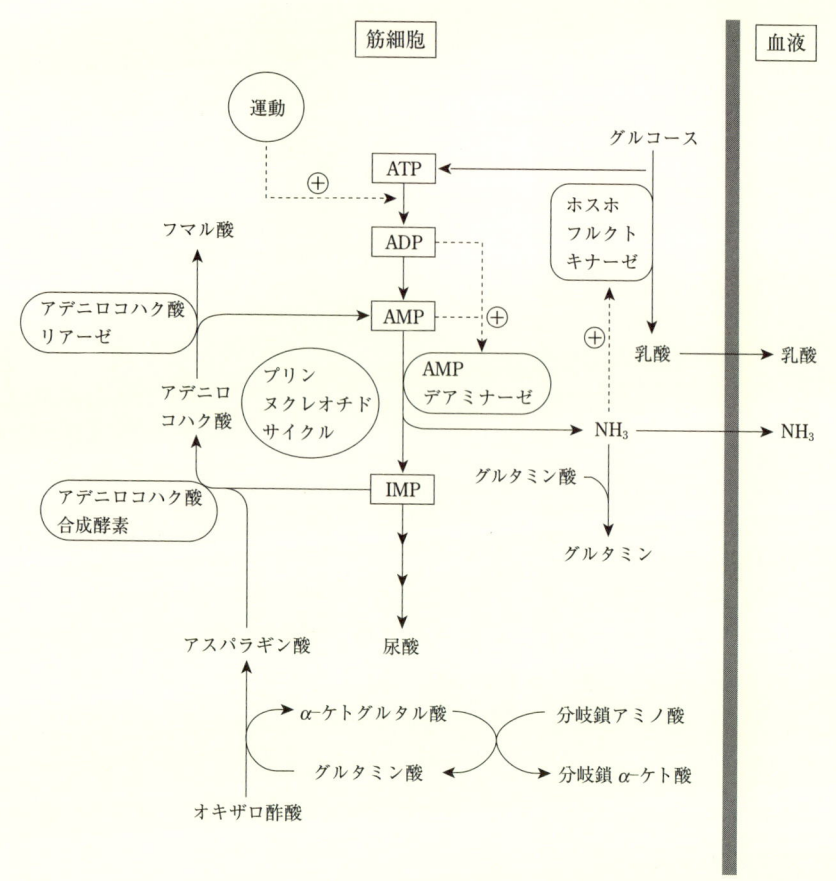

図1.2 筋肉のプリンヌクレオチドサイクルにおけるアンモニアの生成
ATP：アデノシン3-リン酸，ADP：アデノシン2-リン酸，AMP：アデノシン1-リン酸，IMP：イノシン1-リン酸
⊕は促進を意味する．

2) 尿素の生成 ヒトは摂取した窒素の95%を尿中に排泄し，尿中窒素の80〜90%が尿素である．尿素は肝臓において生成されるが，グルタミン酸が尿素生成のための窒素供給に中心的な役割を果たしている（図1.1）．肝臓で生成された尿素は血液を介して腎臓に運搬されるので，運動によりタンパク質およびアミノ酸の分解が進むと血中の尿素濃度が高くなる．図1.3[1]に血中の尿素濃度と運動の持続時間の関係を示した．この図からすると，運動時間が長くなればなる

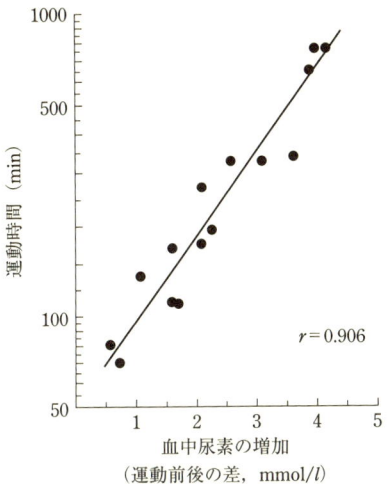

図1.3 ヒトの血中尿素レベルと走運動時間の関係[1]

ほど血中の尿素濃度も上昇し，タンパク質・アミノ酸の分解が亢進することがわかる．逆に，1時間以内の短時間の運動ではその分解はきわめて少ないといえる．しかし，運動中のロイシンの分解を追跡した研究によれば，血中の尿素レベルが上昇しないうちにもロイシンの分解は促進されることが明らかにされており，運動中のアミノ酸分解量は考えられているよりも大きいようである．

b. アミノ酸の炭素骨格の分解と運動

タンパク質・アミノ酸からのエネルギー供給が，ヒトの運動中のエネルギー代謝のどれほどを占めるかは報告によりかなり異なる．血中の尿素濃度および窒素の排泄から計算された値は，3％から18％の間にある[1]．しかし，上述のように血中尿素レベルが上昇しないうちにもロイシンの分解は促進されることより，タンパク質がエネルギー代謝に貢献する割合はこの値よりも高い可能性はあるが，おそらく10％前後のエネルギーがタンパク質・アミノ酸から供給されるといってもよいであろう．

アミノ酸の炭素骨格は直接のエネルギー源になるが，すべてのアミノ酸は図1.4に示すようにピルビン酸，アセチルCoAもしくはクエン酸回路の中間体に変換され代謝される．したがって，多くのアミノ酸は最終的にクエン酸回路で分解

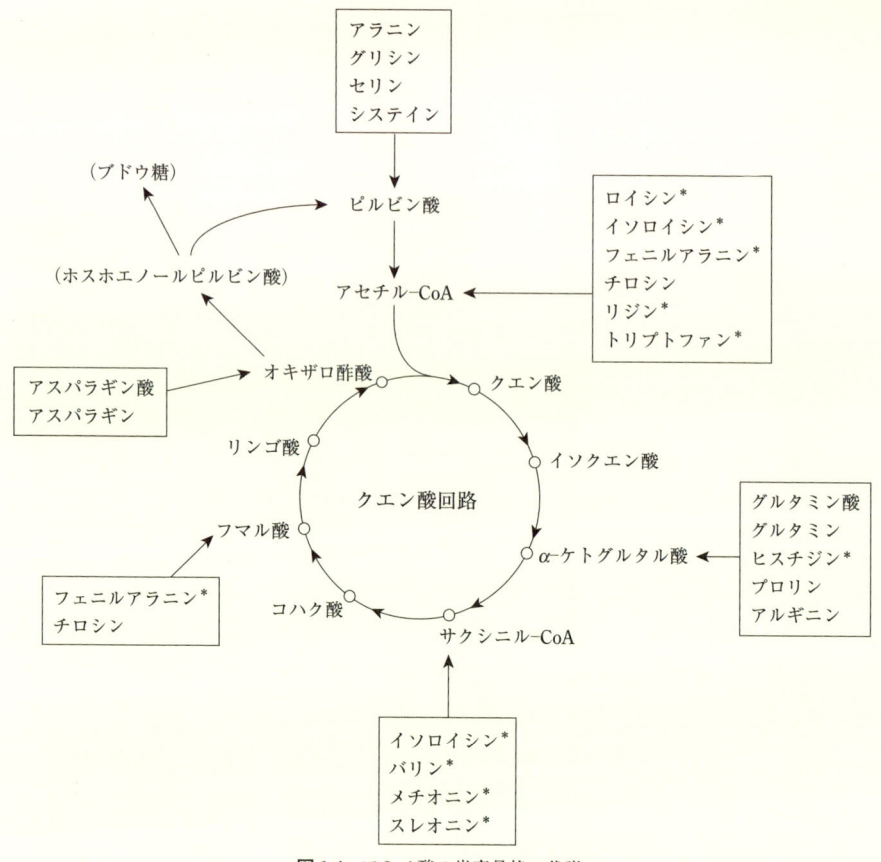

図 1.4 アミノ酸の炭素骨格の代謝
*必須アミノ酸

されると考えられる．

ヒトの筋肉において酸化されるアミノ酸は，アスパラギン酸，グルタミン酸，アラニンと三つの BCAA の 6 種類であり，これらの中でも，BCAA が主要なアミノ酸であることが報告されている（表 1.1 参照）．

c. 血中アミノ酸組成に対する運動の影響

運動はヒトの血中アミノ酸組成に影響する[2]．短時間の低強度の運動では，アラニンやグルタミン濃度が増加するが，高強度の短時間運動ではそれらのアミノ酸濃度はさらに上昇するが，グルタミン酸濃度は減少傾向にある．1 時間以上の

持久的運動ではアラニンは増加傾向にあるが，グルタミンやBCAAは逆に減少することが報告されている．

d. 炭水化物摂取とタンパク質・アミノ酸分解

組織の主要構成成分であるタンパク質が，運動中のエネルギー源として多くの割合を占めるとは考えられない．あくまでも，主要なエネルギー源は炭水化物と脂肪である．しかし，運動中のタンパク質の分解が，炭水化物摂取により影響されることが明らかにされている．すなわち，十分な炭水化物を摂取して運動した場合には，摂取しないで運動した場合よりも，運動中およびその後の回復期の血中尿素濃度が高くなり，尿中や汗中に排泄される尿素量もかなり多くなる．したがって，炭水化物の摂取は，運動によるタンパク質・アミノ酸分解を左右する一つの要素である．このことは，グリコーゲンの蓄積が不十分な状態で運動すると，運動によるタンパク質・アミノ酸分解が増大することを意味している．

1.2 分岐鎖アミノ酸（BCAA）代謝と運動

BCAAは，前述のように食物タンパク質および筋タンパク質に多く含まれる必須アミノ酸である．運動とアミノ酸の関係では，アミノ基の輸送の役割でグルタミン酸とアラニンが重要であるが，運動によるタンパク質の分解や合成に対する作用に関してはBCAAが中心的なアミノ酸であり，それに対する関心が高い．したがって，BCAAに関する研究は多く行われているが，他のアミノ酸に関してはあまり情報がないのが現状である．

a. BCAAの代謝系とその調節

BCAAの代謝は，すべてミトコンドリア内で行われ，最初と第2ステップの反応までは三つのBCAA（バリン，ロイシン，イソロイシン）に共通の酵素により触媒され，それ以降の分解はそれぞれのアミノ酸の独自の経路により行われる（図1.5）．第1ステップは可逆的なアミノ基の転移反応であり，BCAAアミノ基転移酵素により触媒される．第2ステップは不可逆的な酸化的脱炭酸反応であり，分岐鎖α-ケト酸脱水素酵素複合体により触媒される．この第2ステップの反応がBCAAの分解を律速しており，三つのBCAAの分解を調節する．

分岐鎖α-ケト酸脱水素酵素複合体の活性は，酵素タンパク質のリン酸化・脱リン酸化により調節されている．すなわち，その酵素は特異的なキナーゼ（分岐

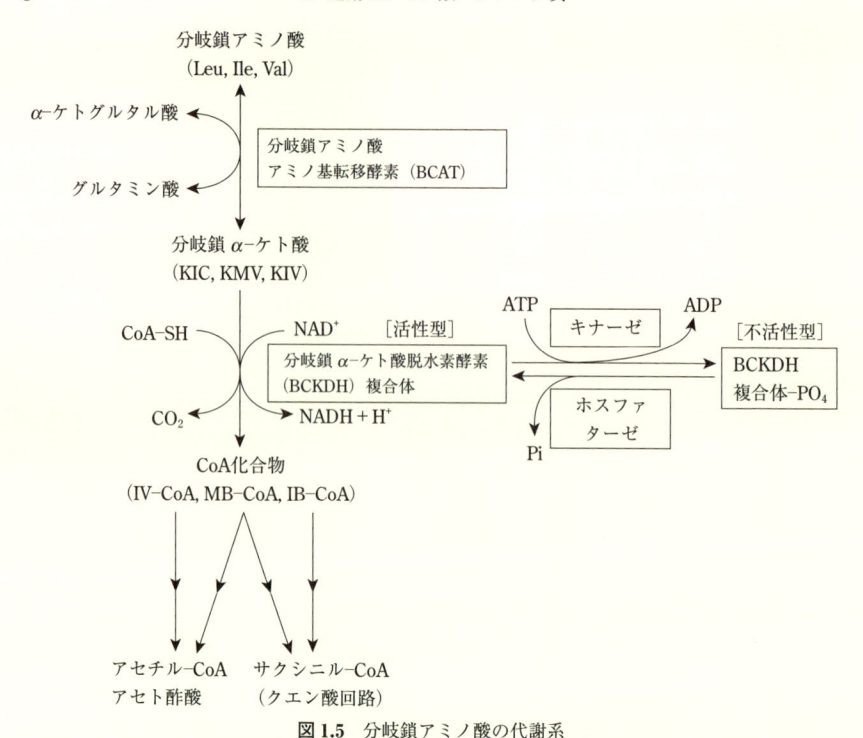

図1.5 分岐鎖アミノ酸の代謝系
KIC：α-ケトイソカプロン酸，KMV：α-ケト-β-メチルバレリン酸，KIV：α-ケトイソバレリン酸

鎖 α-ケト酸脱水素酵素キナーゼ）によるリン酸化により活性を失い，特異的なホスファターゼ（分岐鎖 α-ケト酸脱水素酵素ホスファターゼ）による脱リン酸化により活性化される．したがって，生理的条件の変化に対応して，酵素活性を速やかに調節することができる．分岐鎖 α-ケト酸脱水素酵素複合体は，その構造と活性調節機構においてグルコース代謝の調節酵素であるピルビン酸脱水素酵素複合体にきわめてよく類似している．

b．運動による筋肉中の BCAA 代謝の促進

ラットにおける研究において，運動により筋肉でのタンパク質分解が促進され，筋肉中の BCAA 濃度は高まることが認められた（図1.6）[3]．安静の状態では，筋肉の分岐鎖 α-ケト酸脱水素酵素複合体はほとんどがリン酸化された不活性型で存在するが，運動により筋肉中の分岐鎖 α-ケト酸脱水素酵素複合体の活性はかなり上昇する（図1.7）．したがって，筋肉での BCAA の分解は亢進し，

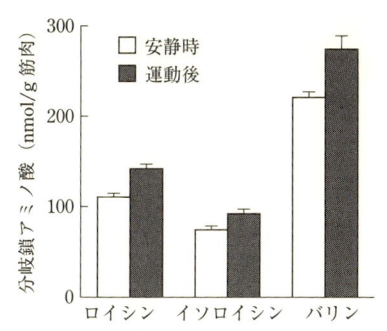

図 1.6 運動による筋肉の分岐鎖アミノ酸濃度の上昇[3]
ラットの安静時もしくは2時間走行運動（速度：30 m/min）を負荷した後の骨格筋中の分岐鎖アミノ酸濃度．値は7匹のラットの平均値±SE．

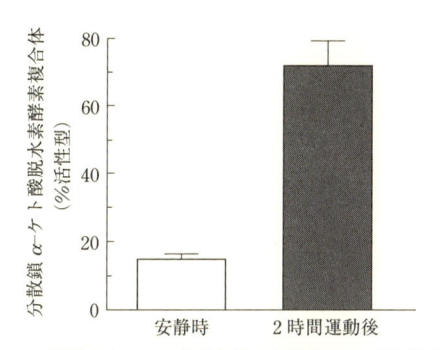

図 1.7 運動によるラット骨格筋の分岐鎖 α-ケト酸脱水素酵素複合体の活性化[3]
ラットの安静時もしくは2時間走行運動（速度：30 m/min）を負荷した後の骨格筋中の酵素の活性型の割合．値は7匹のラットの平均値±SE．
・総酵素量は運動により影響されない．
・本データにおける安静時の酵素複合体活性は約15%であるが，ここで使用されたラットはある程度の食事制限をされており，食事制限をしない安静ラットでは，約5%ときわめて低いことが明らかにされている．

それは筋肉で直接エネルギー源として利用されると考えられる．全身における筋肉量を考慮すると，そのBCAAの分解量は有意なものであろう．

運動による筋肉での分岐鎖 α-ケト酸脱水素酵素複合体の活性化のメカニズムは次のように考えられる：(1) 運動によるタンパク質分解の促進により，筋肉中

のBCAA濃度が上昇する，(2) 筋肉では，BCAAアミノ基転移酵素の活性が高いため分岐鎖α-ケト酸濃度も上昇する，(3) 分岐鎖α-ケト酸の中でロイシンから生成されるケト酸（α-ケトイソカプロン酸）は特異的キナーゼの強力な阻害剤であるので，キナーゼ活性が阻害されて活性型の分岐鎖α-ケト酸脱水素酵素複合体が増加する，(4) 蓄積した分岐鎖α-ケト酸の分解が促進される（図1.5参照）．最近の研究において，実際に運動によりキナーゼ活性が低下し，分岐鎖α-ケト酸脱水素酵素複合体が活性化されることが確認された[4]．

c. 運動による肝臓中のBCAA代謝の促進

運動により，肝臓や腸などの内臓のタンパク質分解も亢進することがわかっている．事実，運動により肝臓中のBCAA濃度は上昇することがラットにおける研究において観察された（図1.8）．ラット肝臓では，BCAAアミノ基転移酵素はほとんど発現していないためその活性はきわめて低い．したがって，肝臓ではBCAAを直接分解できないと考えられている．逆に分岐鎖α-ケト酸脱水素酵素複合体の活性はきわめて高いので，肝臓ではBCAAからアミノ基転移により生成された分岐鎖α-ケト酸はただちに分解される．また，血液を介して肝臓に輸送されたα-ケト酸も速やかに分解される．その反映として，肝臓中の分岐鎖α-ケト酸濃度は，血液中や筋肉中の濃度と比べてかなり低い（肝臓，＜0.002 μmol/g 組織；血液，0.033 μmol/ml；筋肉，0.025 μmol/g 組織）．肝臓は糖新生

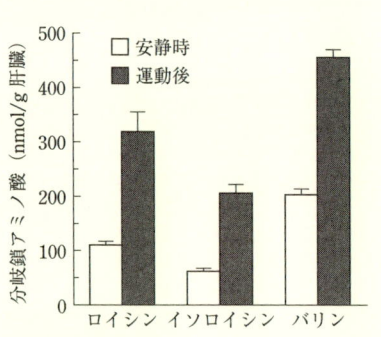

図1.8 運動による肝臓の分岐鎖アミノ酸濃度の上昇[3]

ラットの安静時もしくは2時間走行運動（速度：30 m/min）を負荷した後の肝臓中の分岐鎖アミノ酸濃度．値は7匹のラットの平均値±SE．

を活発に行う臓器であるので,おそらくイソロイシンやバリンの糖原性アミノ酸は,グルコースを生成するのに利用されると考えられる.

ただし,ヒトの肝臓では,分岐鎖α-ケト酸脱水素酵素複合体の活性はラット肝臓の1％以下とかなり低いので,BCAAと分岐鎖α-ケト酸の代謝はあまり活発ではないようである.ヒトでは,筋肉がBCAA代謝の中心的臓器であるようであるが,まだ不明な点が多い.

1.3 グルコース-アラニン回路

運動中もしくは絶食中では肝臓のグリコーゲンが著しく減少する.この場合,血糖維持のために肝臓で活発に糖新生が行われる.もし糖新生を抑制すると,運動の持続能力が低下することが明らかにされている.

糖新生の基質としては先に述べたようにイソロイシンやバリンも考えられるが,アラニンが重要な基質であることが明らかにされている.筋肉でピルビン酸にアミノ基が転移されて生成されたアラニンが肝臓でグルコースに変換され,そのグルコースは筋肉で再び利用されるグルコース-アラニン回路が成り立っている(図1.9).この回路の中で,BCAAはピルビン酸へのアミノ基の主要な供給源である.

実際に,ヒトにおいて運動中の各臓器への血中のアミノ酸の取り込みと放出をみた研究がある[5].これによると,内臓ではアラニンをよく取り込み,BCAAを放出し,筋肉ではその逆の関係にあることが明らかにされている.

1.4 中枢性疲労とアミノ酸

中枢性疲労の一つのメカニズムとして,脳内におけるトリプトファンからのセロトニン合成の増加が考えられている.したがって,血中から脳内にトリプトファンの輸送が促進されると,中枢性疲労が高まると考えられる.

脳内にトリプトファンが輸送される場合には,**血液脳関門**(blood-brain barrier)を通過しなければならない.血液-脳関門のトリプトファンの輸送体(中性アミノ酸輸送体)はBCAAのそれと共通であるため,それらはそのゲートを通過する際に競合する(図1.10).したがって,血中のトリプトファン濃度に対するBCAA濃度が低下すると,脳内にトリプトファンの取り込みが増加して,

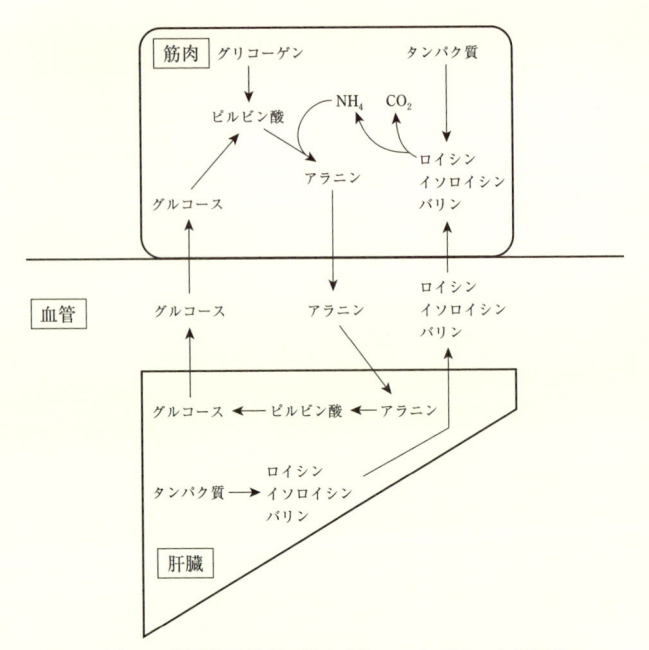

図 1.9 肝臓と骨格筋の間のグルコース-アラニン回路：
分岐鎖アミノ酸との関係

中枢性疲労が促進されると考えられる．したがって，BCAA 摂取は中枢性疲労を軽減する可能性が考えられる．実際に，BCAA を運動前に摂取することにより，運動中の主観的運動強度を低下することが報告されている[6]．

1日のタンパク質の摂取量を，0 g，75 g，150 g の3段階に調節して，血中のトリプトファンと BCAA 濃度の比率を測定した結果では，タンパク質の摂取量に応じてその比率が低下することが報告されている（図 1.11）[7]．この所見は，中枢性疲労の予防・回復にタンパク質（BCAA）の摂取が有効であることを示唆している．運動により BCAA の分解が高まるので，十分なタンパク質（BCAA）の摂取は，中枢性疲労の予防もしくは回復に効果的である可能性が高い．

1.5 筋タンパク質合成とアミノ酸

a. BCAA と筋タンパク質合成

必須アミノ酸であることとタンパク質中の含量が高いことより，タンパク質合

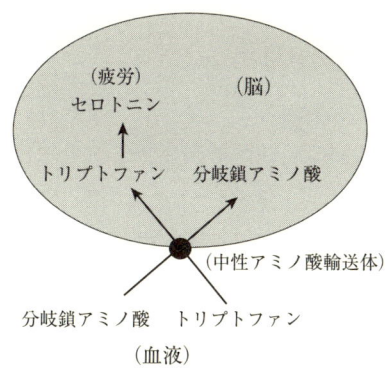

図 1.10 脳内へのトリプトファンと分岐鎖アミノ酸輸送の競合

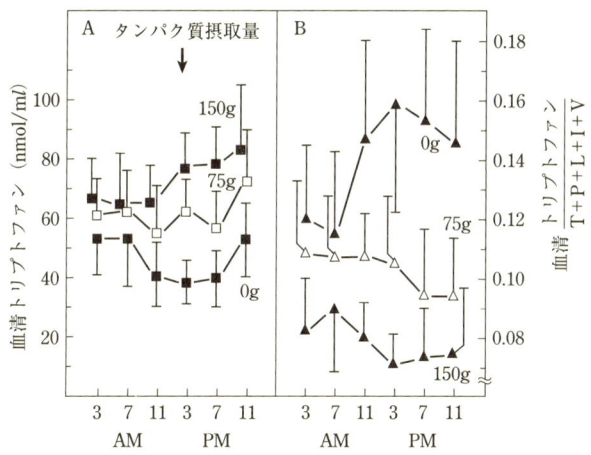

図 1.11 タンパク質を 0 g, 75 g, もしくは 150 g 含む食餌を 5 日間摂取したヒトの血清トリプトファン濃度 (A), およびトリプトファン濃度と主な中性アミノ酸濃度の比率 (B) の日内変動[7] T＋P＋L＋I＋V：トリプトファン＋フェニルアラニン＋ロイシン＋イソロイシン＋バリン．

成には十分な BCAA の確保が重要であることがわかるであろう．しかし，そればかりではなく，BCAA の生理作用として次のことが証明されている．(1) ロイシンは筋タンパク質の分解を抑制する．(2) ロイシンは筋タンパク質の合成を促進する．(3) 膵臓からのインスリン分泌を促進する．(4) インスリンによる筋タンパク質合成作用を増大する．これらの BCAA の作用の中でも，ロイシンによ

るタンパク質合成促進作用は特に注目されており，その作用はタンパク質合成の過程におけるメッセンジャー RNA（mRNA）からのタンパク質の翻訳を促進することが明らかにされた．したがって，ロイシンはタンパク質合成のための成分としてばかりでなく，タンパク質代謝を調節する因子としても重要な役割を果たしているといえる．

b. 運動による筋タンパク質分解および筋損傷に対する BCAA の効果

運動中には筋タンパクの分解が亢進し，筋肉での BCAA の分解が促進することはこれまでに述べてきた通りである．では，運動直前に BCAA を投与すると，筋肉でのタンパク質代謝はどのように影響されるかは興味あるところである．

この研究をヒトにおいて行った報告[8]がある．実験では，健康な成人男性（年齢18～30歳）に，運動の45分と20分前に BCAA を 38.5 mg/kg 体重ずつ2回（合計 77 mg/kg 体重）経口投与するか，もしくはコントロールとしてプラセボを同様に投与したのち，片足でエルゴメーターを1時間こぐ運動を負荷した．投与した BCAA は 500 mg 入りのカプセルで，ロイシンを 220 mg，バリンを 150 mg，イソロイシンを 130 mg 含むものであった．運動の強度は，最大強度の約70～75% であった．この実験の結果（表 1.2）[8]によると，BCAA を投与することにより，動脈血中と筋中の BCAA 濃度が上昇し，筋肉におけるアンモニアの生成が増加した．しかし，BCAA 投与により，筋肉から遊離（放出）される必須アミノ酸量は減少した．特に，BCAA の放出は減少した．すなわち，投与した BCAA が筋肉中で分解されることにより，筋タンパク質の分解が抑制されたと考えられる．したがって，この結果は，投与した BCAA による運動中の筋タンパ

表 1.2 運動前の分岐鎖アミノ酸（BCAA）投与の影響 [8]

測定項目	コントロール	BCAA 投与
運動前		
動脈血中 BCAA 濃度（μM）	339 ± 15	822 ± 86
筋中 BCAA 濃度（mmol/kg dry muscle）	約 3.5	約 5
60 分間運動中の骨格筋		
BCAA 放出（「μmol/kg dry muscle）	816 ± 198	68 ± 93
BCAA 以外の必須アミノ酸放出（単位：同上）	924 ± 148	531 ± 70
アンモニア生産（単位：同上）	1112 ± 279	1670 ± 245

5人の平均値 ± SE．

ク質分解の抑制効果を示すものである.

　強い負荷の運動（特にエキセントリック運動）は，筋肉を損傷することが認められており，その結果，筋細胞中に豊富に存在する酵素クレアチンキナーゼ（CK）を血中に放出するため，血中のCK活性が上昇することが知られている．運動前にBCAAもしくはそれを主成分とするアミノ酸サプリメントを投与すると，運動後に起こる血中CK活性の上昇を抑制できることが報告されている．また，運動前の4～5 gのBCAA摂取は運動の翌日以降に発生する筋肉痛を軽減することも認められた[9]．これらの所見より，運動前のBCAA摂取は運動による筋肉損傷を軽減し，さらに筋損傷の回復を促進する可能性が考えられる．

1.6　体づくりのためのタンパク質・アミノ酸摂取
a. タンパク質摂取量

　一般成人のタンパク質所要量は，1.08 g/kg体重である．体重60 kgのヒトであれば，1日約65 gのタンパク質が必要である．

　激しく運動するアスリートの場合では，どれほどのタンパク質を1日に摂取すればよいのか．この問に対して，アスリートのタンパク質所要量を増加することは慎重にすべきであるとする意見もあるが，これまでに述べてきた通り，運動によりアミノ酸の分解は亢進しエネルギー源として利用され，運動後にはタンパク質の合成が増大する．さらに，多くの研究において，運動によりタンパク質の必要量が増大する結果が出ている．したがって，アスリートは一般のヒトよりもタンパク質を多く摂取すべきである．一般的に摂取される食物中タンパク質の利用効率（生物価）などを考慮すると，アスリートのタンパク質所要量は1.8～2.0 g/kg体重であるとする報告もある．一般的な言い方をすれば，アスリートは一般のヒトよりも1.5～2倍のタンパク質を摂取することが勧められよう．

b. アミノ酸・タンパク質の摂取タイミング

　運動との関係でどの時点で筋タンパク質が合成されるかに関しては，ラットおよびヒトにおいて多くの研究が行われたが，その結果はいずれもだいたい同様である．すなわち，運動中はタンパク質の分解が亢進し，合成は低下する．一方，運動後では逆にタンパク質の合成が亢進し，少なくとも24時間ほどはその状態が保たれることが確認されている．ヒトにおけるタンパク質合成に対する運動の

表 1.3　運動中と運動後の人筋肉におけるタンパク質合成

運動のタイプ（強度）	運動時間	運動後の測定のタイミング	筋タンパク質合成
運動中			
自転車エルゴメーター（中）	105 分		低下
自転車エルゴメーター（中）	120 分		低下
自転車エルゴメーター（中）	180 分		低下
ランニング（中）	225 分		低下
運動後			
ランニング（中）	225 分	直後	増加
水泳（中）	60〜180 分	12〜24 時間	不変
バレー（ダンス）	60〜180 分	12〜24 時間	増加

効果の報告を表 1.3 にまとめた．

　運動によりタンパク質合成が増大する時点でタンパク質・アミノ酸を摂取する必要性が高いことが推察される．運動後のタンパク質摂取のタイミングの重要性を検討する目的で，イヌを用いて，運動直後もしくは運動終了 2 時間後にアミノ酸とグルコースの混合液を投与して，筋タンパク質合成に効果的なタイミングが検討された[10]．その結果，どちらのタイミングで混合液を投与してもタンパク質合成は増大するが，運動直後に投与した方がその上昇するレベルは高かった．

　このイヌにおける所見は，その後に行われたヒトにおけるいくつかの研究において確認された．すなわち，被験者（30〜33 歳）に 60 分間の自転車エルゴメータによる運動を負荷した直後にタンパク質サプリメント（組成：タンパク質 10 g，糖質 8 g，脂肪 3 g）を摂取させた場合と，3 時間後に摂取させた場合で，筋肉のタンパク質合成率を比較したところ，タンパク質合成率は運動直後摂取の方が有意に高かった[11]．さらに，高齢被験者（約 74 歳）に，週 3 回のレジスタンストレーニングを負荷し，そのトレーニングの直後もしくは 2 時間後にタンパク質サプリメント（組成：タンパク質 10 g，糖質 7 g，脂肪 3 g）を摂取させ，このプログラムを 12 週間継続したところ，トレーニング直後のサプリメント摂取の方が筋力と筋肉量の両者ともにより増大していた[12]．

　一方，被験者に 45〜50 分のレジスタンス運動を負荷し，その直前もしくは直後にアミノ酸サプリメント（組成：必須アミノ酸混合 6 g，ショ糖 35 g）を摂取させる方法で，運動後の筋タンパク質合成率を検討したところ，運動直後よりも運動直前の摂取においてタンパク質合成率が高かったことが明らかにされた[13]．

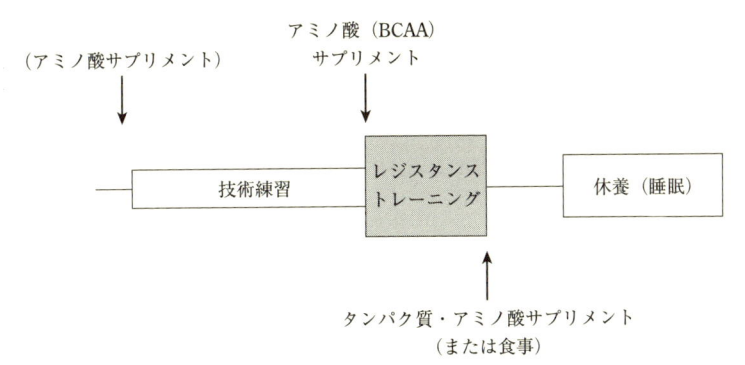

図 1.12 運動との関係におけるタンパク質・アミノ酸サプリメントの摂取タイミング
アミノ酸サプリメントの中でも，特に BCAA を中心としたサプリメントが有効であると考えられる．

　これらの所見をまとめると，運動後時間をあけてタンパク質を摂取するよりも，運動直後の摂取の方が筋タンパク質合成率がより上昇し，筋力と筋肉量も増加するようである．一方，レジスタンス運動直前のアミノ酸摂取では，運動直後の摂取よりも筋タンパク質合成率が高かったので，レジスタンス運動の場合には運動直前の摂取は効果的である可能性が高い．結論として，運動直後のタンパク質・アミノ酸の摂取は効果的であり，レジスタンス運動の場合には，その直前にアミノ酸（特に BCAA）を摂取するとそれ以上の効果が得られる可能性がある．
　実際のスポーツトレーニングでは，午後に技術練習を行い，それに引き続き（夕方）レジスタンストレーニングを行うことが多い．レジスタンストレーニング直前にはアミノ酸（BCAA）食品を摂取し，トレーニング直後にタンパク質食品（または食事）を摂取することが筋肉づくりに最も効果的な処方であると考えられる（図 1.12）．

引用文献

1) Poortmans JR (1988) Protein metabolism. *Medicine and Sport Science*, **27**, 164–193
2) Rennie M (1996) Influence of exercise on protein and amino acid metabolism. In: Rowell LB and Shepherd JT eds. Handbook of Physiology, Section 12: Exercise: Regulation and Integration of Multiple Systems, Oxford University Press, New York, 996–1035
3) Shimomura Y, *et al.* (1990) Activation of branched-chain α-keto acid dehydrogenase complex by exercise: effect of high-fat diet intake. *J Appl Physiol*, **68**, 161–165
4) Xu M, *et al.* (2001) Mechanism of activation of branched-chain α-keto acid dehydrogenase complex by exercise. *Biochem Biophys Res Commun*, **287**, 752–756

5) Ahlborg G, et al. (1974) Substrate turnover during prolonged exercise in man. *J Clin Invest*, **53**, 1080-1090
6) Blomstrand E, et al. (1997) Influence of ingesting a solution of branched-chain amino acids on perceived exertion during exercise. *Acta Physiol Scand*, **159**, 41-49
7) Wurtman RJ (1983) Behavioural effects of nutrients. *Lancet*, 1145-1147
8) MacLean DA, et al. (1994) Branched-chain amino acids augment ammonia metabolism while attenuating protein breakdown during exercise. *Am J Physiol*, **267**, E1010-E1022
9) Shimomura Y, et al. (2006) Nutraceutical effects of branched-chain amino acids on skeletal muscle. *J Nutr*, **136**, 529S-532S
10) Okamura K, et al. (1997) Effect of amino acid and glucose administration during postexercise recovery on protein kinetics in dogs. *Am J Physiol*, **272**, E1023-E1030
11) Levenhagen DK, et al. (2001) Postexercise nutrient intake timing in humans is critical to recovery of leg glucose and protein homeostasis. *Am J Physiol*, **280**, E982-E993
12) Esmarck B, et al. (2001) Timing of postexercise protein intake is important for muscle hypertrophy with resistance training in elderly humans. *J Physiol*, **535**, 301-311
13) Tipton KD, et al. (2001) Timing of amino acid-carbohydrate ingestion alters anabolic response of muscle to resistance exercise. *Am J Physiol*, **281**, E197-E206

2. 運動と筋肉への糖吸収機構

2.1 運動時の骨格筋エネルギー産生における糖代謝の役割

運動すなわち骨格筋の収縮・弛緩の繰り返しには，**アデノシン三リン酸**（adenosine 5′-triphosphate, ATP）が必要であり，運動時には安静時よりも大量のATPを消費することになる．筋肉の収縮・弛緩といった機械的な動きは，筋細胞中のミオシンATPaseがATPをADPに分解することで起こる．また，筋収縮に先立って筋小胞体に蓄えられていたCa^{2+}は細胞質に放出される．このCa^{2+}を，筋小胞体へ再吸収する過程にもATPは利用される．運動中や運動後の筋細胞では，消費したATPを補充するため糖（主にグルコース）・脂質（主に脂肪酸）・アミノ酸を原料としてATPを産生する機構が活性化する．

グルコース・脂肪酸・アミノ酸から，ATPを産生する経路はおおよそ図2.1のようになる．グルコースは，細胞質にある解糖系を経ることでATPやNADHを産生する．解糖系の代謝産物であるピルビン酸はミトコンドリア内にあるTCA回路に入ってさらに代謝される．このときNADH, $FADH_2$が生成する．また，脂肪酸やアミノ酸の代謝産物もTCA回路でさらに代謝され，NADH, $FADH_2$を生成する．このNADH, $FADH_2$のもつ電子が，ミトコンドリア内にある電子伝達系を経て酸素に渡される過程で，ミトコンドリアの内膜をはさんでH^+の濃度勾配ができる．内膜の外部から内部へとH^+がATP合成酵素を通過して戻るとき，これと共役してATPが合成される．このNADH, $FADH_2$からのATP合成を**酸化的リン酸化**（oxidative phosphorylation）という．さらに，TCA回路における代謝ではスクシニルCoAからコハク酸を生成する過程でGTPが生成され，これを介することでもATPは生成する．

通常の運動では主に糖・脂質がATP合成に用いられ，アミノ酸の占める割合は少ないと考えられている．安静時や低強度の運動ではATPの産生に糖・脂質

図 2.1 ATP の産生経路

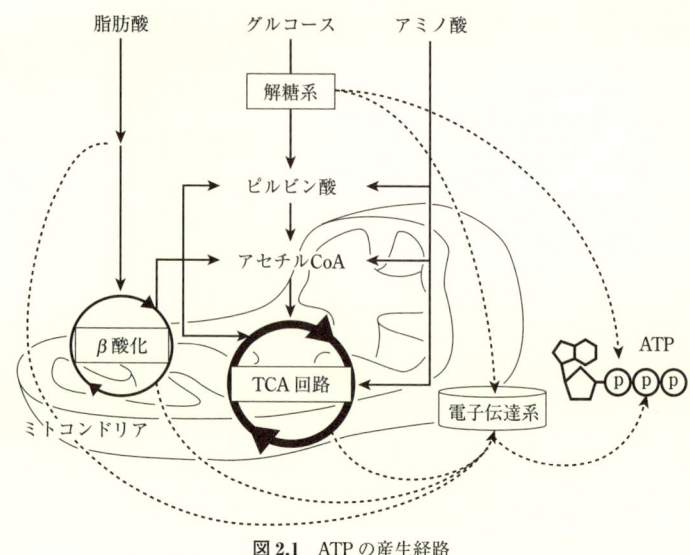

が利用され，運動強度の増大とともに糖の占める割合が増大する．運動開始からの数分間あるいは激しい運動では，嫌気的代謝による ATP 合成の占める割合が多い．運動時間が長くなるにつれ，好気的代謝による ATP 合成の割合が増大する．

グルコースからも脂肪酸からも酸化的リン酸化を介して ATP が産生される．グルコースからは解糖を介しても ATP が産生され，これは基質から直接 ATP が合成されるため**基質準位のリン酸化**（substrate-level phosphorylation）とも呼ばれる．解糖による ATP 産生は酸化的リン酸化による ATP 産生よりも速い．グルコースを基質として ATP 産生することの特徴は，解糖系の (1) 速い ATP 産生と (2) 酸素を必要としない点にある．

収縮した骨格筋で利用されるグルコースの由来は，肝臓から血流を介して骨格筋へと供給されたものや，筋細胞内にあるグルコースの貯蔵形態であるグリコーゲンが分解されたものである．運動後数時間は骨格筋の糖取り込み速度が増大する．運動によって減少したグリコーゲンはこのとき骨格筋に再蓄積される．

2.2 GLUT4のトランスロケーションと糖輸送促進

a. 糖輸送担体

筋細胞へのグルコースの供給に関して，糖が細胞膜を通過する過程を**糖輸送**（glucose transport）という．グルコースは低分子であるが，親水性であるため疎水性の細胞膜をそのままでは透過することができない．グルコースは細胞膜にある**糖輸送担体**（glucose transporter）を介して細胞内に流入する．筋細胞に限らずほとんどすべての組織で糖輸送担体は発現しており，構造や機能から二つのグループに大別される[1]．

一つは，濃度勾配に従った糖輸送（促進拡散）を行う糖輸送担体で GLUT と呼ばれるタンパク質である．これは図 2.2 のような細胞膜を 12 回貫通し細胞内に N 末端や C 末端がある構造をしている．現在同定されている GLUT を表 2.1 に示した．哺乳類の骨格筋には GLUT1, 3, 4, 5, 8, 10, 11, 12 の mRNA あるいはタンパク質の存在が報告されている．運動によって骨格筋の糖輸送が増大する仕組みには GLUT4 が関与する．この仕組みについては後で詳しく述べる．

もう一つのグループは ATPase を有する Na^+ 依存性の糖輸送担体で SGLT と呼ばれる．SGLT は濃度勾配に逆らった糖輸送を行うことができ，小腸において消化した食物由来の糖が吸収されるときや，腎臓において原尿中に排出された糖が再吸収されるときに関与する．

b. GLUT4のトランスロケーション

運動は，筋細胞の糖輸送速度を増大させる．これには GLUT4 が関係することがわかっている．基礎状態において大部分の GLUT4 は **GLUT4 小胞**（GLUT4-containing vesicle）として細胞内部に存在し糖輸送には関与しない．筋肉が収縮

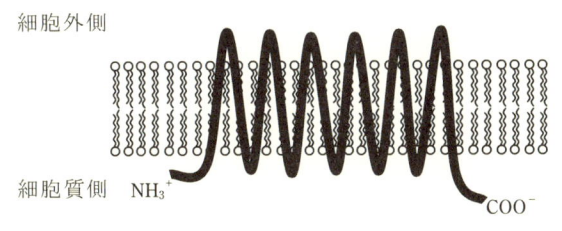

図 2.2 細胞膜中の GLUT の概観

表 2.1 GLUT ファミリーの特徴

アイソフォーム	主な発現組織	インスリン応答性	主な基質
GLUT1	胎盤, 赤血球, 脳, その他の組織に偏在		グルコース
GLUT2	肝臓, 膵臓, 腸, 腎臓		フルクトース
GLUT3	脳, 胎盤, その他の組織に偏在		グルコース
GLUT4	心臓, 骨格筋, 脂肪組織, 脳	+	グルコース フルクトース
GLUT5	腸, 精巣, 腎臓		グルコース
GLUT6	脳, 脾臓, 白血球		
GLUT7	(遺伝子上でのみ確認)		
GLUT8	精巣, 脳, その他の組織		グルコース
GLUT9	肝臓, 腎臓		
GLUT10	肝臓, 膵臓		グルコース
GLUT11	心臓, 骨格筋		
GLUT12	心臓, 骨格筋, 前立腺, 小腸, 白色脂肪組織	+	
HMIT	脳		Myo-イノシトール

(引用文献1より改変)

したりインスリンの刺激を受けたりすると，GLUT4 は細胞表面（筋細胞膜あるいは T 管）へ移動する．この GLUT4 の移動を**トランスロケーション**（translocation）という．細胞表面上の GLUT4 が増加することで，より多くのグルコースが間質から細胞内に流入する（図 2.3）．

筋収縮やインスリンなどの刺激を受けた骨格筋で糖輸送速度が増大する主な理由は，細胞膜上の GLUT4 分子数が増加して最大輸送速度（V_{max}）が増加することである．糖輸送速度の増大には GLUT4 そのものの構造が変化して，GLUT4 1 分子当たりの輸送速度の亢進（輸送比活性の亢進）が寄与する可能性も考えられる．しかし，ラット骨格筋を用いた研究から，細胞表面の GLUT4 分子数と糖輸送速度は緊密に相関することや[2]，グルコースに対する基質親和性（K_m）は変化しないことから[3,4]，仮に輸送比活性の亢進が生じているとしてもその役割は大きくないものと考えられる．

活動筋では筋血流が増加して，筋細胞への酸素やエネルギー基質の供給が促進される．酸素に関しては，血液中から筋組織への拡散によって酸素供給が行われるため，血流はきわめて重要な役割を有する．一方，骨格筋がグルコースを代謝

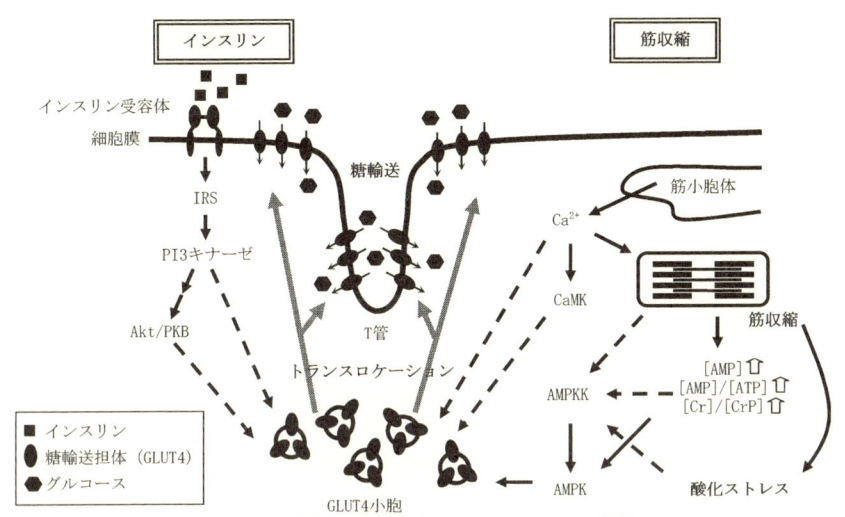

図 2.3 骨格筋の GLUT4 トランスロケーション機構
IRS：インスリン受容体基質（insulin receptor substrate），CaMK:Ca^{2+}/calmodulin-dependent protein kinase，Cr：クレアチン，CrP：クレアチンリン酸，AMPK：5'-AMP-activated protein kinase, AMPKK : AMPK kinase

し利用する場合，虚血や阻血のない通常の状況では血流が制限因子とはならず，グルコースが細胞膜を通過して細胞内に取り込まれる糖輸送過程が律速段階となると考えられている[5,6]．

筋収縮に伴う糖輸送速度の増大は収縮終了後も数時間持続する．これまでに詳細な検討は行われていないが，収縮の強度や時間によって，糖輸送の持続時間や程度が規定されることが予想される．筆者らが，単離したラット骨格筋を用いて行った検討では，緩衝液中で10分間の電気刺激による筋収縮終了60分後に，52%の糖輸送活性の残存を認めている[7]．

2.3 筋収縮が糖輸送を促進するメカニズム
a. 筋収縮は筋細胞内の代謝変化を感知して糖輸送を促進する

運動を行ったとき，糖輸送が促進するのは実際に収縮を行った筋である．収縮していない筋（非活動筋）では糖輸送速度を増大させることは不要であり，実際に糖輸送は促進されない．したがって，活動筋にのみ惹起されて，非活動筋には惹起されない糖取り込み速度増大のメカニズムが存在することになる．筋の収縮

はインスリンなどの液性因子や神経性調節を介することなしにGLUT4のトランスロケーションを惹起することができる．これは骨格筋を単離して緩衝液中で電気刺激によって収縮させると，筋が緩衝液中の糖を取り込むことで確認されている[8]．後述する**インスリン依存的糖輸送促進**と区別され，筋収縮による糖輸送促進は**インスリン非依存的糖輸送促進**と呼ばれる．

筋収縮にともなう筋細胞の変化は多様であり，収縮時の筋細胞は，細胞内エネルギー状態に関連する物質（AMP，ATP，クレアチンリン酸，グリコーゲンなど）やCa^{2+}濃度，pH，酸化還元状態の変化，細胞壁や細胞骨格の収縮と伸張など多様な代謝的，機械的刺激にさらされている．これらのいずれもがGLUT4のトランスロケーションを生じる細胞内シグナル伝達カスケードの起点となる可能性があり，これまでに多くの仮説が提唱されてきた．ここでは，現時点で有力な，細胞内のエネルギー状態の変化やCa^{2+}濃度の変化を起点とするカスケードおよび，最近報告された酸化還元状態の関与について紹介する．

b．エネルギー状態の変化と糖輸送促進

1）エネルギー状態の低下と5′-AMP-activated protein kinase 活性化　　運動によって消費されたATPはADPとなり，これが**アデニル酸キナーゼ**（adenylate kinase）によってAMPへと変えられる．また，運動初期には迅速なATP再生にクレアチンリン酸が使用され，クレアチンが生成する．この様子を図2.4に示した．ATPやクレアチンリン酸の減少，AMPやクレアチンの増大は，エネルギー状態低下の指標となる．

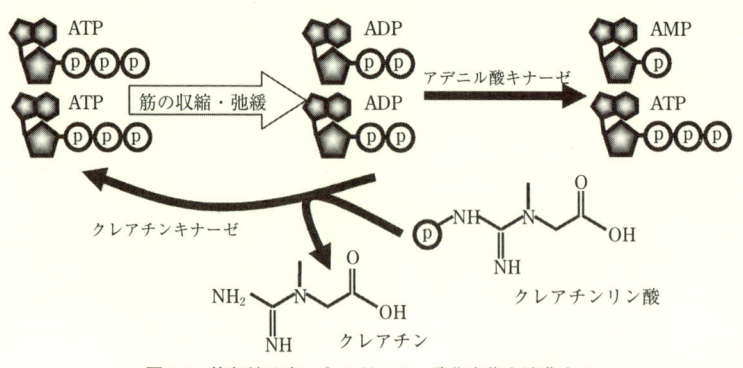

図2.4　筋収縮は高エネルギーリン酸化合物を消費する

筋収縮が引き起こす糖輸送の促進はATPやクレアチンリン酸の減少量と相関する[9]ことから，筋細胞の「エネルギーセンサー」として働く分子が糖輸送速度の増強に関与することが想定されていた．このエネルギーセンサーとしての性質を備えている分子として5′-AMP-activated protein kinase（AMPK）が注目され，多くの研究者によって筋収縮による糖輸送促進との関与が示されてきた．

　AMPKはその名称の由来となったAMPによってだけではなく，エネルギー減少の指標であるAMP：ATP比の上昇，クレアチン:クレアチンリン酸比の上昇にともなって活性化される[10]．AMPの結合はアロステリックな作用でAMPKを活性化する．さらに上流分子であるAMPK kinase（AMPKK）によるαサブユニット（Thr^{172}）のリン酸化によってもAMPKは活性化する[11]．逆に，脱リン酸化やAMPが解離することでAMPK活性は低下する．AMPが結合することで生じる構造変化は直接AMPKを活性化するだけでなく，AMPKをリン酸化されやすくし，脱リン酸化されにくくする．

　一般的に，AMPKの活性化と糖輸送促進には強い関連が認められる．AMPK活性化剤である5-aminoimidazole-4-carboxamide-1-β-D-ribonucleoside（AICAR）をラット骨格筋に作用させるとAMPK活性化とともに細胞膜上のGLUT4量が増加し，糖輸送が促進される[12,13]．また，ラット骨格筋の検討で，高い強度，長時間の運動や高い張力を発揮する運動ほどAMPKがより強く活性化し，この活性化とともに糖輸送が促進する[7,14]．逆に，ラットを運動させた後に十分な食事を与え，グリコーゲンを前値以上に蓄積させた骨格筋（glycogen-supercompensated muscle）では，筋収縮によるAMPK活性化と糖輸送促進が抑制される[15]．また，筋収縮以外にも，低酸素，浸透圧，酸化的リン酸化阻害剤などによって筋細胞のエネルギー状態を低下させても，AMPK活性化とともに糖輸送促進が観察される[16]．さらに，kinase-dead AMPKを強制発現させて骨格筋のAMPK活性を抑制したトランスジェニックマウスの骨格筋では，筋収縮による糖輸送促進が対照マウスの60〜70%に抑制される[17]．

　AMPKはα・β・γサブユニットからなる三量体で，その触媒部位はαサブユニットに存在する．骨格筋にはαサブユニットが2種類（$\alpha1$, $\alpha2$）発現している．持久運動レベルの運動（50〜70% V_{O_2max}）を60分間行った場合では$\alpha2$を含むAMPK（AMPK$\alpha2$）のみが活性化されるが[18]，自転車運動を30秒間全力で行

った場合α1を含むAMPK（AMPKα1）があわせて活性化される[19]．これらのことから，AMPKは運動強度の増加に伴ってまずAMPKα2が活性化され，強度が上がるとAMPKα1も活性化されると考えられている．AMPKα2を優先的に活性化させる機序の一つとして，AMPKα2はAMPKα1に比べてAMP依存性が大きく，AMP濃度の上昇に鋭敏に応答することが考えられている[20]．このようにAMPKα1とAMPKα2では異なる性質が観察されているが，薬理刺激や遺伝子操作によって片方のアイソフォームのみが活性化する条件を用いた検討から[7,21～24]，いずれのアイソフォームも糖輸送促進に関与することが示唆されている．

2）AMPKの上流　AMPKの上流であるAMPKKは複数種類存在することが示唆されている．運動時の糖輸送促進と関連が深いものにLKB1複合体がある．LKB1遺伝子は*STK11*ともいい，もともとPeutz-Jeghers症候群においてその変異が発見されていたことから癌抑制遺伝子と考えられていた．LKB1遺伝子の変異をもつPeutz-Jeghers症候群の症状はAMPKの機能と無関係な表現型である．しかし，ラット肝臓から精製したAMPKKの解析から，**LKB1**がAMPKKであることが明らかになった[25]．LKB1もAMPKと同様にセリン（Ser）・スレオニン（Thr）キナーゼであり，三量体を形成する．STRAD（Ste20-related adaptor protein）とMO25（mouse protein 25）との複合体形成はLKB1活性を増大させ[26]，LKB1を細胞質内へ局在化させる[27]．LKB1複合体は常に活性型であり，骨格筋が収縮したときに活性が増加するわけではないと考えられている[28]．筋収縮時にLKB1の作用によってより多くのAMPKがリン酸化され活性化するのは，AMPK自身の構造変化によるものと推察されている[28]．筋収縮によって増大したAMPがAMPKと結合することで，AMPKがリン酸化されやすくなる．AICARは細胞内でリン酸化されてAMPの類似物質となることでAMPKを活性化すると考えられている．LKB1を有しない細胞へLKB1を導入することによって，AICAR刺激に応答してAMPKがリン酸化されるようになる[25]．さらに骨格筋中のLKB1を欠失したマウスでは，筋収縮やAICARによるAMPKの活性化が抑制される[29]．

筋収縮時の糖輸送促進への関与は不明であるが，別のAMPKKとして**Ca^{2+}/calmodulin-dependent protein kinase kinase**（CaMKK）がある．まず，AMPKの酵母におけるホモログであるSNF1をリン酸化する酵素としてPak1p,

Tos3p や Elm1p が同定された．これらの哺乳類におけるホモログの中で最も配列が類似しているキナーゼが CaMKK である．1995 年には，*in vitro* の検討において CaMKK が精製した AMPK をリン酸化することが確認されていた[30]．しかし，肝臓から粗精製された AMPKK（後に LKB1 と判明）が CaM 非依存的であり，酵素の性質が異なることから *in vivo* の AMPKK ではないとされていた．その後，LKB1 を欠失した細胞でも AMPK のリン酸化が引き起こされることから LKB1 以外の AMPKK の存在が示唆され，2005 年になって再び AMPKK であることが示された[31]．CaMKK による AMPK のリン酸化は AMP 非依存的に起こり，Ca^{2+} や calmodulin 依存的であることから[32]，次に紹介するカルシウムシグナルとのクロスリンクが予想される．

c．カルシウム濃度の変化と糖輸送促進

1) 筋収縮-弛緩サイクルと細胞内のカルシウム濃度　　筋収縮は神経からの興奮が筋細胞膜の脱分極を引き起こすことから始まる．細胞膜の興奮は**横行小管**（transverse tubule, T 管）を経由して筋細胞の細胞質に存在する**筋小胞体**（sarcoplasmic reticulum, SR）に伝達される．SR には Ca^{2+} が蓄えられており，興奮が伝わると Ca^{2+} を細胞質内に放出する．細胞質内 Ca^{2+} 濃度の上昇はトロポミオシン上にあるトロポニンに結合し，結果としてトロポニンの構造を変化させる．もともとトロポミンはアクチン-ミオシンの結合を抑制しているが，トロポミンの構造が変化することで抑制が解除され，アクチン-ミオシンの結合が開始，すなわち筋収縮が開始する．このように，筋収縮は筋細胞内の Ca^{2+} 濃度の上昇によって起こる．SR にある Ca^{2+}-ATPase は常に，Ca^{2+} を SR に能動輸送しているため，細胞内に広がった Ca^{2+} はやがて SR に回収される．

2) カルシウム濃度の変化による糖輸送促進のメカニズム　　前述したように筋収縮-弛緩サイクルにおいて細胞内カルシウム濃度はダイナミックに変化するため，これが筋収縮による糖輸送促進の起点である可能性は古くから検討されてきた．筋小胞体からの Ca^{2+} の放出を誘導する薬物 W-7 やカフェイン（caffeine）を用いて，ラット骨格筋の細胞内 Ca^{2+} の増加を生じさせると，それに伴って糖輸送速度が増大する[33]．さらに，W-7 による糖輸送促進は，筋小胞体からの Ca^{2+} 放出を阻害する薬剤である dantrolene や 9-aminoacridine によって抑制される[33]．また，AMPK 活性化剤である AICAR とカフェインで同時に筋を刺激した

場合，それぞれの単独刺激よりも糖輸送速度が増大する（加算効果）[34]．これらのことは糖輸送促進に関与する経路として，AMPKを介する経路以外にCa^{2+}を介した経路が存在することを示唆する．

Ca^{2+}濃度変化を感知して糖輸送促進を誘導する分子メカニズムに関して，Ca^{2+}感受性 protein kinase C（PKC）の関与の可能性が検討されてきた．しかしながら，PKC阻害剤の種類によって得られる結果が異なるなど[14]確立した見解は得られていない．一方，近年，Ca^{2+}/calmodulin-dependent protein kinase II（CaMK II）が注目されるようになり，CaMK阻害剤（KN62）を用いた検討で，KN62がインスリンやAICARによる骨格筋糖輸送を阻害しない条件で，カフェインによる糖輸送を完全に抑制することや筋収縮による糖輸送も約50%抑制することが報告されており[34]，CaMKを介した経路の関与が示唆される．

d. 細胞以内の酸化還元状態の変化と糖輸送促進

1) 酸化ストレスとは　　運動時に限らず安静時においても筋細胞は酸化物質（活性酸素種，活性窒素種）を生成するが（表2.2），安静時は内因性の抗酸化物質によって酸化還元状態が維持されている．筋収縮は酸化物質の生成を促進し，酸化反応を促進する物質（prooxidant）と抗酸化物質のバランスを酸化側へと傾ける．これを**酸化ストレス**という[35]．

ミトコンドリアの電子伝達系は酸化物質の主要な発生源であると考えられている[36]．酸素が使われる際，一部の酸素は反応の途中で反応複合体から放出される（図2.5）．このとき，酸素はスーパーオキシドアニオン（O$_2 \cdot ^-$）の形をしており，これは強力な酸化物質である．前述のとおり筋収縮は多くのATPを消費しADP

表2.2　活性酸素種と活性窒素種

安定		^{3}O$_2$	大気中の酸素（三重項酸素）
不安定	活性酸素種（狭義）	O$_2 \cdot ^-$ H$_2$O$_2$ HO・ ^{1}O$_2$	スーパーオキシド 過酸化水素 ヒドロキシルラジカル 一重項酸素
	活性酸素種（広義）	LHOO・ LHOOH ClO$^-$	ヒドロペルオキシルラジカル 脂質ヒドロペルオキシド 次亜塩素酸イオン
	活性窒素種 （広義の活性酸素種）	NO	一酸化窒素

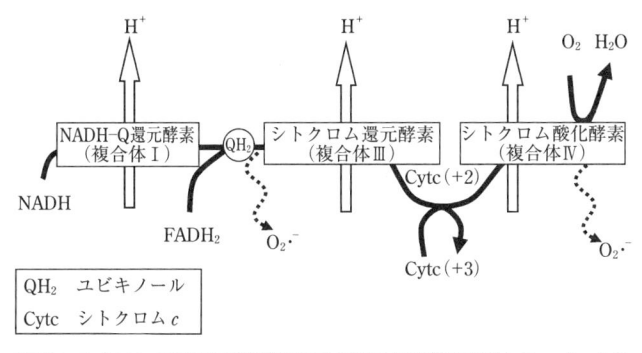

図2.5 ミトコンドリアの呼吸鎖における電子伝達体の配列とスーパーオキサイドの生成

を産生する．酸化的リン酸化によるATP産生速度はADP濃度によって調節される．これを**呼吸調節**（respiratory control）といい，ADP濃度の増大は酸化的リン酸化を促進する．このため筋収縮は酸化的リン酸化の速度を増大，つまり電子を供与される酸素の量を増大させ，結果として$O_2^{·-}$の生成量を増大させる[37]．また，骨格筋には他の活性酸素種発生源として細胞質のNAD(P)H oxidase[38]，細胞内に浸潤してくる食細胞や[39]，キサンチンオキシダーゼを有する上皮組織などが考えられている[40]．骨格筋には2種類の一酸化窒素（NO）合成酵素（neuronal NOS, endothelial NOS）が発現しており，運動時にはNOの産生が増大するため，これも活性窒素種として酸化ストレスに関与するといえる[41]．

2) 酸化ストレスによる骨格筋糖輸送促進　骨格筋は，収縮が起こるたびに酸化物質の生成を促進して酸化還元状態のバランスを変化させるため，この変化をシグナルとして利用する組織と考えられる．また，酸化物質はATPの産生機構から発生するため，酸化ストレスはエネルギー代謝を調節すると考えられる．

1990年にはH_2O_2を含む緩衝液中で，ラット単離骨格筋を処理すると筋の糖輸送速度が増大することが報告された[42]．このときH_2O_2はインスリン様の作用をもつとだけ考えられており，糖輸送促進の機序は検討されていなかった．その後，活性窒素種であるNOを供給する試薬（NO donor）であるsodium nitroprusside（SNP）も単離骨格筋の糖輸送を促進することが報告された[22]．また，H_2O_2による糖輸送促進は抗酸化剤であるN-アセチルシステインによって抑制された[23]．これらの報告は酸化ストレスが骨格筋において糖輸送を促進することを

示唆する．

　酸化ストレスによる糖輸送促進には AMPK が関与していることが示唆されている．SNP や H_2O_2 は AMPKα1 を活性化し，この活性化はエネルギー状態の低下を伴っていない[22,23]．一方，AMPKα2 は活性化されないことから，酸化ストレスは細胞内 AMP 量の増大，すなわちエネルギー状態の低下とは異なる経路で AMPK を活性化すると考えられる．何が酸化ストレスを感知しているかは明らかではないが，酸化ストレスによる AMPKα1 の活性化は AMPKK によるリン酸化を伴うことから，AMPKα1 の上流には酸化ストレスセンサーが存在することが示唆される．

2.4　運動によるインスリン感受性（インスリン依存性糖輸送）の亢進
a.　インスリンによる糖輸送促進

　インスリンは膵臓の B 細胞で産生されるペプチドホルモンである．2 本のペプチド（A 鎖，B 鎖）が二硫化結合（S-S 結合）でつながった構造をしている．まず，プレプロインスリンがつくられ，小胞体へ移動するときに，ペプチドの一部が切り離されてプロインスリンになる．さらに分泌顆粒にてプロインスリンから C ペプチドが切り離されインスリンになる．分泌顆粒中にはインスリンと C ペプチドが等しく存在し，インスリンと C ペプチドは同時に放出される．このため C ペプチドは内因性のインスリン濃度の指標となる．血中に放出されたインスリンはヒトでは約 5 分で半減する．インスリン受容体は膜貫通型チロシン（Tyr）キナーゼであり，α と β のサブユニットからなるヘテロ四量体である．インスリン受容体に結合したインスリンは受容体ごと細胞質内に入り込み，インスリンプロテアーゼによって分解される．インスリン受容体は全身に普遍的に存在するが，分泌されたインスリンの約 80% は肝臓や腎臓で分解される．

　インスリンの生理作用は臓器（脂肪組織，骨格筋，肝臓，その他）によって異なるが，これを列挙すると，糖・アミノ酸・K^+ の取り込みの促進，タンパク質合成の促進，タンパク質分解の抑制，解糖系酵素・グリコーゲン合成酵素の活性化，グリコーゲンホスホリラーゼや糖新生酵素の抑制，脂質合成酵素の mRNA 合成の促進などがあげられる．骨格筋における作用は，糖輸送・アミノ酸・K^+・ケトン体の取り込み促進，グリコーゲン合成・タンパク質合成の促進，タ

ンパク質分解の抑制があげられる.

インスリン依存的糖輸送促進のシグナルは次のように伝わる（図2.3）. インスリンがインスリン受容体の細胞外の部位に結合すると, インスリン受容体の細胞質側にある Tyr キナーゼが活性化する. 活性化した受容体は自身の Tyr 残基をリン酸化しさらに活性化する. このようにして活性化したインスリン受容体は**インスリン受容体基質 1**（IRS-1）をリン酸化する. リン酸化した IRS-1 に **PI3 キナーゼ**（phosphatidyl-inositol-3′-kinase）が結合して, PI3 キナーゼが活性化する. PI3 キナーゼ以後の経路は明らかではないが, 細胞膜を構成するリン脂質からの phosphatidyl-inositol-3′, 4′, 5′-triphosphate の生成, PDK（3′-phosphoinositide-dependent kinase）の活性化, **Akt** の活性化という経路が考えられている. インスリン刺激は最終的には細胞膜上の GLUT4 量を増大させ, 糖輸送を促進する.

b. 運動とインスリン感受性

筋収縮はインスリン非依存的に糖輸送を促進するだけでなく, さらにインスリン依存的な糖輸送促進を増強する（**インスリン感受性の亢進**）作用がある. インスリン感受性とは, ある濃度のインスリンが引き起こす生理作用の程度を表す[43]. また, インスリンによる生理作用の最大値を特にインスリン反応性という. ヒトのインスリン感受性の評価方法は多種多様である. たとえば, 全身を高インスリン状態においたときの糖取り込み速度を評価する方法（高インスリン正常血糖クランプ法）, グルコースを静注した際のグルコースの消失率とインスリン濃度からの算出（ミニマルモデル法）, 空腹時血中インスリン濃度, 経口糖負荷試験時の血糖値と血中インスリン値から算出した値, インスリンを静注した際の血糖の低下の仕方などがある. ヒトにおける研究から運動による全身のインスリン感受性の亢進は 64% V_{O_2max}, 60 分間程度の有酸素運動を行った後少なくとも 2 日間持続する[44].

単離骨格筋の糖輸送に関して, インスリン感受性は最大下のインスリン刺激による糖輸送で評価される. ラットを用いた検討から, インスリン感受性の亢進は運動終了後数時間を経てから認められることから[45], 運動中の骨格筋における糖輸送速度増加とは区別される. このインスリン感受性の亢進もインスリン非依存的糖輸送促進と同様に, 運動を行った筋に限られる現象であり, その本態はイン

スリン刺激に対してより多くの GLUT4 がトランスロケーションして細胞表面上の GLUT4 が増加することである[46]．しかしながら，筋収縮という刺激がインスリンシグナル伝達経路のどのポイントに作用しているのかは明らかでない．運動後数時間を経てインスリン感受性亢進が認められる状況下で採取した骨格筋における検討で，インスリン受容体から Akt までのシグナルが増大されていないこと（ラット[46,47]，ヒト[48,49]），運動がインスリン感受性を亢進させるだけでなく低酸素や H_2O_2 刺激による糖輸送も促進すること（ラット[42]）から，GLUT4 トランスロケーション機構そのものあるいはその近傍に作用する可能性が考えられる．

一方，ラットを実際に運動させた場合や麻酔下のラットを電気刺激することで筋収縮を起こした場合と異なり，骨格筋を単離して電解質緩衝液中で収縮させるとインスリン感受性の亢進が起こらない[42]．しかし，電解質緩衝液中に血清を添加しておくとインスリン感受性の亢進が認められる[50]．このことは，筋収縮によるインスリン感受性亢進に，血清に含まれる何らかの液性因子が関与する可能性を示す．その因子は，トリプシン処理によって失活することや，限外濾過実験から分子量1万以上の分子が示唆されることから，何らかのタンパク質であることが推定されている[50]．また，タンパク質合成阻害剤である cycloheximide を作用させても，筋収縮によるインスリン感受性は阻害されないことから，筋細胞内のタンパク質の合成は関与していないことが示唆される．

運動によるインスリン感受性の亢進は筋グリコーゲンが多く消費されるような運動ほど長時間持続し，運動後の炭水化物の摂取によって早期に低下する．このことはグリコーゲンがインスリン感受性の制御に直接関与する可能性を示す．しかし，両者は必ずしも相関せず[47,51]，グリコーゲン自体がインスリン感受性制御の中心的役割を担う可能性は否定的である．また，グリコーゲン量と相関する糖代謝産物がインスリン感受性を規定する可能性も考えられ，その観点から UDP-N-acetylhexosamine に関しての検討が行われたが，両者の関係には解離が認められる[52]．

Fisher らは，ラット摘出筋を血清の存在下で AICAR によって刺激すると，筋収縮刺激と同様にインスリン感受性が亢進することを報告し，運動時の AMPK 活性化が関与する可能性を明らかにした[47]．同様の処置を初代ヒト筋細胞に施してもインスリン感受性亢進が惹起されないことから[53]，幼弱筋細胞と成熟筋細胞

における何らかの差異がインスリン感受性亢進の有無を決定していることが示唆される．

　Kim らは，ラット単離筋を用いて，さまざまな条件の筋収縮とインスリン感受性の関係を調べた検討から，グリコーゲンの減少や AMPK 活性化を惹起してもインスリン感受性亢進を認めない場合があることを報告している[54]．さらに近年，Geiger らは p38MAPK の活性化剤 anisomycin が血清の非存在下で，グリコーゲンの減少を伴わずにインスリン感受性を亢進することを報告した[55]．しかし，p38MAPK の阻害剤である SB-202190 は筋収縮によるインスリン感受性亢進を阻害しないことから，anisomycin による p38MAPK 以外の何らかのシグナルがインスリン感受性に関与することを示唆する．筋収縮によるインスリン感受性の亢進にはその制御に関与する生理的因子が複数あり，それらの因子の複合的な絡み合いの中で成立している可能性が高いと考えられる．

2.5　インスリン作用調節と食品成分
a.　インスリンの分泌調節

　ヒトにおいて血中のグルコース濃度（血糖）が約 80 mg/dl を超えると，膵臓の B 細胞はインスリンを分泌する．まず急峻な応答として B 細胞中に蓄えられたインスリンが分泌され，続いて新たに合成されたインスリンが分泌される．グルコースに応答したインスリン分泌は以下のようにして起こる（図 2.6）．GLUT 2 を介して B 細胞に流入したグルコースが ATP 産生に使用される．ATP は ATP 感受性 K^+ チャネルを閉じるため，細胞内に K^+ が蓄積して脱分極が起こる．脱分極は Ca^{2+} を細胞質内へ流入させ，この細胞質内 Ca^{2+} 濃度の増加がインスリン分泌を促進する．

　グルコースに限らず，B 細胞で代謝されて ATP を産生する基質はインスリン分泌を促進する．たとえば，マンノース，フルクトース，アミノ酸（Leu，Arg など），β-ケト酸などがある．つまり，食事中の炭水化物・脂質・タンパク質が，消化・吸収されると，いずれもがインスリンの分泌を促進することになる．実際，炭水化物・脂質・タンパク質いずれを経口摂取しても，インスリンの分泌は促進する．

　上述したグルコース濃度の上昇からインスリン分泌までの経路の途中を刺激す

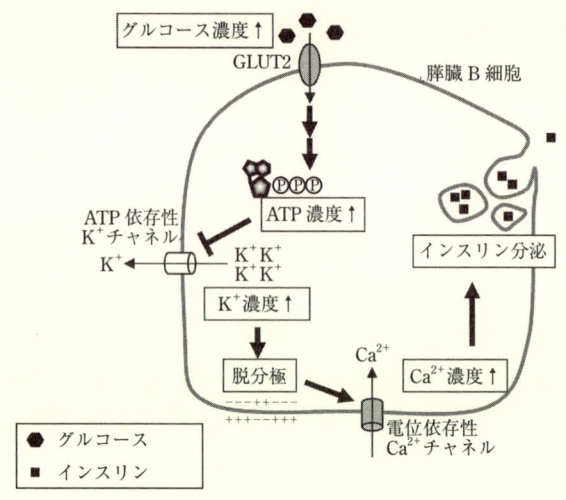

図 2.6 血中グルコース濃度の増加に応答して膵臓の B 細胞が
インスリンを分泌する経路

ることでも，インスリンは分泌される．経口摂取で血糖降下作用のあるスルホニルウレア剤は，ATP 感受性 K^+ チャネルを閉じさせることで，インスリン分泌を促進する．B 細胞の cAMP を増大させる刺激（β-アドレナリン作用薬，グルカゴン，ホスホジエステラーゼ阻害剤）もインスリン分泌を促進する．これは，細胞質内 Ca^{2+} 濃度の増加を介していると考えられている．カテコラミンは $\alpha2$ 受容体を介してインスリン分泌を阻害し，β 受容体を介してインスリン分泌を促進する．また，その他，交感神経系や消化管ホルモンによってもインスリン分泌は調節されている．

b．グルコース・アミノ酸・脂肪酸と骨格筋インスリン作用

グルコース，アミノ酸，脂肪酸あるいはトリグリセロールの血中濃度は運動や食事に応答して上下するものであるが，これらのいずれかを高値に維持し続けた場合（1～3 時間）には末梢組織，特に骨格筋でインスリン作用が減弱することが示されている[56～58]．一方，数週間以上の食事成分に関して，これらの割合を推奨される量より高値にしたものを摂取し続けた場合に，インスリン感受性が低下するかは現在のところ知見が不足している[59]．以下に，食品の基本成分であるグルコース，アミノ酸，脂肪酸の急性的な（1～3 時間）血中濃度上昇が，イン

スリンの糖代謝に対する作用を減弱させることを紹介する．

1) グルコース 高グルコースによるインスリン感受性の低下は糖毒性と呼ばれる高血糖の弊害の一つである．単離筋や下肢筋の還流系など，多くの動物モデルの検討から 3 時間以上の高血糖状態[60~62]が，インスリンによる全身の糖利用あるいは骨格筋の糖輸送を減弱させることが示されている．ヒトでも同様であり，たとえば **1 型糖尿病**（膵 B 細胞の破壊によるインスリンの欠乏のために起こる糖尿病）の患者を用いた実験では 24 時間の高血糖状態が，インスリンによる糖利用を減少させることを報告している[63]．

高グルコースによる骨格筋のインスリン感受性の低下は，筋を正常グルコース濃度下におくことで回復することが示唆されている[56]．**2 型糖尿病**（インスリンの作用不足によって起こる糖尿病）患者の骨格筋では健常人に比べてインスリン刺激による糖輸送は減弱している．この筋肉を 4 mM グルコース存在下で 2 時間処理すると，健常人と同程度まで糖輸送活性が回復する．

約 3 時間の高グルコース暴露だけではラット単離骨格筋のインスリン感受性低下が起こらない[51]．しかし，インスリン存在下の高グルコース下ではインスリン感受性低下が起こることから，細胞内に過剰に流入したグルコースが何らかの作用をしていることが示唆される．高グルコースによるインスリン感受性低下の機序として，グリコーゲンの蓄積が GLUT4 のトランスロケーションを阻害すること，PKC の活性化がインスリンシグナル伝達を阻害すること，取り込まれた糖の代謝産物の一つであるヘキソサミンの蓄積が糖輸送を阻害することなどが想定されているが，いずれの経路も解離が認められている[51]．一方，mRNA 合成の阻害剤である actinomycin D やタンパク質合成の阻害剤である cycloheximide が高グルコースによるインスリン感受性の低下を抑制することから，何らかのタンパク質の発現が関与するものと考えられる．

2) アミノ酸 アミノ酸は膵臓の B 細胞に作用してインスリン分泌を促進し，肝臓においてグルコースへ新生される基質となる．また，培養細胞を用いた検討からアミノ酸は，インスリンによる糖輸送を阻害し[64]，糖輸送に関わるインスリンシグナルを減弱させる[65]．このように糖代謝調節におけるアミノ酸の関与が示唆されることから，アミノ酸の血中濃度増加がグルコース代謝に影響するか検討された．2002 年に Krebs らは，インスリン，グルカゴン，成長ホルモン，

コルチゾルを一定に保った状態で、ヒトの静脈にアミノ酸を直接注入して対照群の2倍濃度に維持した[57]。60分間のアミノ酸投与で高インスリン下での全身の糖取り込み率が約25%減少し、骨格筋内のG6P（glucose-6-phosphate）も減少した。細胞内のG6P濃度減少は基質酸化の競合が起こるより先に、糖輸送過程が阻害されることを示唆する。

ヒトへのアミノ酸の静脈投与は、インスリン刺激による骨格筋のIRS-1 associated PI3キナーゼの活性を低下させることが示されている[66]。アミノ酸の投与によってIRS-1のSer636/639のリン酸化が増大していることや、S6 kinase 1が活性化していることから、これらがインスリンシグナルの阻害に関与することが示唆される。しかし、このときPI3キナーゼの下流であるAktはインスリンに対して正常に応答しているという矛盾があり、糖輸送の阻害はまだ明らかにされていないシグナルが原因であると思われる。

3）脂 質 インスリン抵抗性と肥満や血中脂質濃度にはしばしば相関がみられる[67,68]。このため脂質あるいは脂肪酸の血中濃度の上昇が直接全身の糖質利用や骨格筋の糖輸送段階を抑制すると考えられている。静脈にトリグリセロールとLPL（lipoprotein lipase）活性化作用をもつヘパリンをヒトに投与して、生理食塩水を投与した対照群に比べ血中トリグリセロール濃度を8倍、血中遊離脂肪酸濃度を10倍にした検討がある[58]。血中脂質濃度の上昇を保ち続けると、約1.5時間で筋G6P含量が、約3時間以上で全身の糖質利用が低下し始める。なお、LPLはトリグリセロールを脂肪酸とグリセロールに加水分解する酵素である。

脂肪酸がインスリン感受性を阻害するメカニズムの解明はアミノ酸の場合とほぼ同様の状況である。従来は基質酸化の競合が考えられていたが、G6Pの減少が示唆するように糖輸送過程あるいは流入したグルコースのリン酸化過程が原因のようである。脂質の注入は骨格筋のIRS-1 associated PI3キナーゼ活性を低下させるが、PI3キナーゼの下流であるはずのAkt活性を変化させない[69]。

高脂肪食を食べ続けると、インスリン感受性が低下することが想定されている。しかし高脂肪食が身体の脂肪含量の増加と独立してインスリン感受性を低下させるかは、いまだ十分な証明がなされていない。ただし、高脂肪食の摂取はカロリー摂取過多に陥りやすく、肥満と並行してインスリン感受性を低下する危険性が高いといえる。

食品中の脂肪酸は，飽和脂肪酸，一価不飽和脂肪酸，多価不飽和脂肪酸，トランス脂肪酸，n-3脂肪酸に分けられる．食事由来の脂肪酸がインスリン感受性を低下させるかは，単純に高脂肪食というだけでなく，脂肪酸の種類をも区別した検討が必要である．この観点において高飽和脂肪酸食と高一価不飽和脂肪酸食を健常者に3ヵ月間摂取させた場合のインスリン感受性を比較した検討がある．高一価不飽和脂肪酸食は総脂肪摂取量が37％以下の場合に限り，インスリン感受性を改善した[70]．しかし一価不飽和脂肪酸が糖尿病患者において絶食時の血糖値や，長期的な血糖コントロールの指標であるHbA_{1c}を改善することは現在のところ示されていない．

2.6　糖尿病の運動療法

運動は糖尿病治療のうえでも重要な位置を占め，食事療法・薬物療法と並んで糖尿病治療の三本柱の一つとされている．運動による血糖降下作用はこれまでに紹介した，収縮した骨格筋で糖取り込みが促進することを利用している．一つは運動終了後数時間まで続くインスリン非依存的糖輸送促進である．もう一つは，運動後数時間を経て認められるインスリン感受性の亢進である．これらの二つのメカニズムは，糖尿病患者における**インスリン抵抗性**（インスリン感受性の低下）やインスリン分泌不全に拮抗する作用を有し，糖代謝を数時間から数日間にわたって活性化する．さらに，運動トレーニングはGLUT4量，筋肉量を増加させることでも糖取り込み能力を増大させる．このような運動刺激に対する骨格筋の応答は，糖尿病の予防および治療のために有効な手段であると考えられる．

運動による血糖降下作用は，インスリン抵抗性状態の骨格筋でも正常に起こる．肥満・高インスリン血症を特徴とするインスリン抵抗性モデル動物であるObese Zuckerラットは，骨格筋のGLUT4総量に変化はないが，インスリンによるGLUT4のトランスロケーションが顕著に低下している．しかし，この動物でも筋収縮によるGLUT4のトランスロケーションや糖取り込みは正常に惹起される[71]．また，3週間の高脂肪食負荷によってインスリン抵抗性を誘導したラットにおいても運動による糖輸送は正常に促進し[72]，運動後のインスリン感受性も亢進する[73]．これらの知見と符合するように，インスリン抵抗性を呈する2型糖尿病患者でも運動によってGLUT4はトランスロケーションすることが示唆されて

おり[74]，運動後は全身の糖取り込み速度が増大する[75].

　運動の繰り返し（運動トレーニング）は GLUT4 の総量を増加させ，これも運動の急性効果と同様にインスリン抵抗性状態にある骨格筋でも起こる[76,77]．骨格筋中の GLUT4 量は骨格筋の糖取り込み能力と相関していることが示唆されている[78,79]．GLUT4 は DNA 上の遺伝子を鋳型として，GLUT4 mRNA が合成され（転写），これをもとに GLUT4 タンパク質が合成される（翻訳）．単回の自転車運動（約 70% V_{O_2max}，1 時間）を行うと運動直後や運動終了から 3 時間後に GLUT4 の mRNA の増大が[80]，運動終了から 8 時間後には GLUT4 のタンパク質量が増大することが報告されている[81]．トレーニングすることで，GLUT4 量の増加が蓄積して糖輸送を増大させるものと思われる．一方，運動トレーニングを休止すると GLUT4 量は 6 日間で減少する[82]．したがって GLUT4 量を高レベルに維持するためには，1 週間に 2 回以上運動することが望ましいと考えられる．

　骨格筋量が低下している高齢者においては，筋肉量を増加するような運動トレーニングも糖代謝改善に有効である．高齢者では安静時のエネルギー消費量が減少しており，これには除脂肪体重の減少が起因する[83]．骨格筋量の増大は安静時や運動時の消費エネルギー量を増大させるため，全身の糖取り込み量が増大するものと考えられる．実際，高齢糖尿病患者を対象として高強度筋力トレーニングを行うと，除脂肪体重が増大し，HbA_{1c} が改善することが報告されている[84,85]．

　運動による骨格筋糖輸送促進のメカニズム解明は，AMPK の関与が確認されて大きく前進した．しかしながら，現在のところ骨格筋 AMPK の標的分子として明らかなものは脂肪酸酸化に関与するアセチル CoA カルボキシラーゼのみであり，糖輸送促進に関わる標的分子は同定されていない．つまり，AMPK と GLUT4 を結ぶ分子機構はブラックボックスといってよい状況である．AMPK の上流分子についても，たとえば運動や酸化ストレスがどのような分子を解して AMPK のリン酸化を生じるのか，その経路は依然不明である．運動は糖輸送を促進するだけでなく，骨格筋のインスリン感受性を亢進させる．2 型糖尿病患者の骨格筋がインスリン抵抗性を示すこともよく知られた事実である．さらに，インスリン感受性は糖・脂質・アミノ酸の影響を受ける．しかしながら，骨格筋のインスリン感受性がどのようなメカニズムで調節されるのかその全貌の解明まで

には多くの研究が必要である.

糖のエネルギー基質としての利用はヒトが「生きる」ために欠かすことのできない機能である．その調節異常は，2型糖尿病やメタボリック症候群という「現代病」の発病や進行に深く関与する．食品−運動−骨格筋糖代謝をつなぐ経路を解明することは，「現代病」における糖代謝を適正化し活性化する観点からきわめて有用であり，今後の研究成果が期待される．

引用文献

1) Wood IS, et al. (2003) Glucose transporters (GLUT and SGLT): expanded families of sugar transport proteins. *Br J Nutr,* **89**, 3-9
2) Lund S, et al. (1995) Contraction stimulates translocation of glucose transporter GLUT4 in skeletal muscle through a mechanism distinct from that of insulin. *Proc Natl Acad Sci USA,* **92**, 5817-5821
3) Nesher R, et al. (1985) Dissociation of effects of insulin and contraction on glucose transport in rat epitrochlearis muscle. *Am J Physiol,* **249**, C226-232
4) Hansen P, et al. (1995) Kinetics of 2-deoxyglucose transport in skeletal muscle: effects of insulin and contractions. *Am J Physiol,* **268**, C30-35
5) Ren JM, et al. (1993) Evidence from transgenic mice that glucose transport is rate-limiting for glycogen deposition and glycolysis in skeletal muscle. *J Biol Chem,* **268**, 16113-16115
6) Kubo K, et al. (1986) Rate-limiting steps for insulin-mediated glucose uptake into perfused rat hindlimb. *Am J Physiol,* **250**, E100-102
7) Musi N, et al. (2001) AMP-activated protein kinase activity and glucose uptake in rat skeletal muscle. *Am J Physiol Endocrinol Metab,* **280**, E677-684
8) Holloszy JO, et al. (1965) Studies of tissue permeability. X. Changes in permeability to 3-methylglucose associated with contraction of isolated frog muscle. *J Biol Chem,* **240**, 3493-3500
9) Walker PM, et al. (1982) Glucose uptake in relation to metabolic state in perfused rat hind limb at rest and during exercise. *Eur J Appl Physiol Occup Physiol,* **48**, 163-176
10) Ponticos M, et al. (1998) Dual regulation of the AMP-activated protein kinase provides a novel mechanism for the control of creatine kinase in skeletal muscle. *Embo J,* **17**, 1688-1699
11) Hardie DG, et al. (1998) The AMP-activated/SNF1 protein kinase subfamily: metabolic sensors of the eukaryotic cell? *Annu Rev Biochem,* **67**, 821-855
12) Kurth-Kraczek EJ, et al. (1999) 5′ AMP-activated protein kinase activation causes GLUT4 translocation in skeletal muscle. *Diabetes,* **48**, 1667-1671
13) Hayashi T, et al. (1998) Evidence for 5′ AMP-activated protein kinase mediation of the effect of muscle contraction on glucose transport. *Diabetes,* **47**, 1369-1373
14) Ihlemann J, et al. (1999) Effect of tension on contraction-induced glucose transport in rat skeletal muscle. *Am J Physiol,* **277**, E208-214
15) Kawanaka K, et al. (2000) Mechanisms underlying impaired GLUT-4 translocation in glycogen-supercompensated muscles of exercised rats. *Am J Physiol Endocrinol Metab,* **279**, E1311-1318
16) Hayashi T, et al. (2000) Metabolic stress and altered glucose transport: activation of AMP-activated protein kinase as a unifying coupling mechanism. *Diabetes,* **49**, 527-531
17) Mu J, et al. (2001) A role for AMP-activated protein kinase in contraction-and hypoxia-regulated glucose transport in skeletal muscle. *Mol Cell,* **7**, 1085-1094
18) Fujii N, et al. (2000) Exercise induces isoform-specific increase in 5′ AMP-activated protein kinase activity in human skeletal muscle. *Biochem Biophys Res Commun,* **273**, 1150-1155

19) Chen ZP, et al. (2000) AMPK signaling in contracting human skeletal muscle: acetyl-CoA carboxylase and NO synthase phosphorylation. *Am J Physiol Endocrinol Metab*, **279**, E1202-1206
20) Salt I, et al. (1998) AMP-activated protein kinase: greater AMP dependence, and preferential nuclear localization, of complexes containing the alpha2 isoform. *Biochem J*, **334** (Pt 1), 177-187
21) Vavvas D, et al. (1997) Contraction-induced changes in acetyl-CoA carboxylase and 5'-AMP-activated kinase in skeletal muscle. *J Biol Chem*, **272**, 13255-13261
22) Higaki Y, et al. (2001) Nitric oxide increases glucose uptake through a mechanism that is distinct from the insulin and contraction pathways in rat skeletal muscle. *Diabetes*, **50**, 241-247
23) Toyoda T, et al. (2004) Possible involvement of the alpha1 isoform of 5' AMP-activated protein kinase in oxidative stress-stimulated glucose transport in skeletal muscle. *Am J Physiol Endocrinol Metab*, **287**, E166-173
24) Jorgensen SB, et al. (2004) Knockout of the alpha2 but not alpha1 5'-AMP-activated protein kinase isoform abolishes 5-aminoimidazole-4-carboxamide-1-beta-4-ribofuranoside but not contraction-induced glucose uptake in skeletal muscle. *J Biol Chem*, **279**, 1070-1079
25) Hawley SA, et al. (2003) Complexes between the LKB1 tumor suppressor, STRAD alpha/beta and MO25 alpha/beta are upstream kinases in the AMP-activated protein kinase cascade. *J Biol*, **2**, 28
26) Baas AF, et al. (2003) Activation of the tumour suppressor kinase LKB1 by the STE20-like pseudokinase STRAD. *Embo J*, **22**, 3062-3072
27) Boudeau J, et al. (2003) MO25alpha/beta interact with STRADalpha/beta enhancing their ability to bind, activate and localize LKB1 in the cytoplasm. *Embo J*, **22**, 5102-5114
28) Sakamoto K, et al. (2004) Activity of LKB1 and AMPK-related kinases in skeletal muscle: effects of contraction, phenformin, and AICAR. *Am J Physiol Endocrinol Metab*, **287**, E310-317
29) Sakamoto K, et al. (2005) Deficiency of LKB1 in skeletal muscle prevents AMPK activation and glucose uptake during contraction. *Embo J*, **24**, 1810-1820
30) Hawley SA, et al. (1995) 5'-AMP activates the AMP-activated protein kinase cascade, and Ca^{2+}/calmodulin activates the calmodulin-dependent protein kinase I cascade, via three independent mechanisms. *J Biol Chem*, **270**, 27186-27191
31) Hurley RL, et al. (2005) The Ca^{2+}/calmodulin-dependent protein kinase kinases are AMP-activated protein kinase kinases. *J Biol Chem*, **280**, 29060-29066
32) Hawley SA, et al. (2005) Calmodulin-dependent protein kinase kinase-beta is an alternative upstream kinase for AMP-activated protein kinase. *Cell Metab*, **2**, 9-19
33) Youn JH, et al. (1991) Calcium stimulates glucose transport in skeletal muscle by a pathway independent of contraction. *Am J Physiol*, **260**, C555-561
34) Wright DC, et al. (2004) A role for calcium/calmodulin kinase in insulin stimulated glucose transport. *Life Sci*, **74**, 815-825
35) Ji LL, et al. (1998) Oxidative stress and aging. Role of exercise and its influences on antioxidant systems. *Ann N Y Acad Sci*, **854**, 102-117
36) Nohl H, et al. (1986) The mitochondrial site of superoxide formation. *Biochem Biophys Res Commun*, **138**, 533-539
37) Reid MB, et al. (2002) Generation of reactive oxygen and nitrogen species in contracting skeletal muscle: potential impact on aging. *Ann N Y Acad Sci*, **959**, 108-116
38) Javesghani D, et al. (2002) Molecular characterization of a superoxide-generating NAD (P) H oxidase in the ventilatory muscles. *Am J Respir Crit Care Med*, **165**, 412-418
39) Lapointe BM, et al. (2002) Lengthening contraction-induced inflammation is linked to secondary damage but devoid of neutrophil invasion. *J Appl Physiol*, **92**, 1995-2004
40) Linder N, et al. (1999) Cellular expression of xanthine oxidoreductase protein in normal human tissues. *Lab Invest*, **79**, 967-974
41) Kobzik L, et al. (1994) Nitric oxide in skeletal muscle. *Nature*, **372**, 546-548

引用文献   41

42) Cartee GD, et al. (1990) Exercise increases susceptibility of muscle glucose transport to activation by various stimuli. Am J Physiol, 258, E390–393
43) Kahn CR (1978) Insulin resistance, insulin insensitivity, and insulin unresponsiveness: a necessary distinction. Metabolism, 27, 1893–1902
44) Mikines KJ, et al. (1988) Effect of physical exercise on sensitivity and responsiveness to insulin in humans. Am J Physiol, 254, E248–259
45) Wallberg-Henriksson H, et al. (1988) Glucose transport into rat skeletal muscle: interaction between exercise and insulin. J Appl Physiol, 65, 909–913
46) Hansen PA, et al. (1998) Increased GLUT-4 translocation mediates enhanced insulin sensitivity of muscle glucose transport after exercise. J Appl Physiol, 85, 1218–1222
47) Fisher JS, et al. (2002) Activation of AMP kinase enhances sensitivity of muscle glucose transport to insulin. Am J Physiol Endocrinol Metab, 282, E18–23
48) Wojtaszewski JF, et al. (1997) Insulin signaling in human skeletal muscle: time course and effect of exercise. Diabetes, 46, 1775–1781
49) Wojtaszewski JF, et al. (2000) Insulin signaling and insulin sensitivity after exercise in human skeletal muscle. Diabetes, 49, 325–331
50) Gao J, et al. (1994) Contraction-induced increase in muscle insulin sensitivity: requirement for a serum factor. Am J Physiol, 266, E186–192
51) Kawanaka K, et al. (2001) Development of glucose-induced insulin resistance in muscle requires protein synthesis. J Biol Chem, 276, 20101–20107
52) Kawanaka K, et al. (1999) Decreased insulin-stimulated GLUT-4 translocation in glycogen-supercompensated muscles of exercised rats. Am J Physiol, 276, E907–912
53) Al-Khalili L, et al. (2004) Prior serum- and AICAR-induced AMPK activation in primary human myocytes does not lead to subsequent increase in insulin-stimulated glucose uptake. Am J Physiol Endocrinol Metab, 287, E553–557
54) Kim J, et al. (2004) Postcontraction insulin sensitivity: relationship with contraction protocol, glycogen concentration, and 5' AMP-activated protein kinase phosphorylation. J Appl Physiol, 96, 575–583
55) Geiger PC, et al. (2005) Activation of p38 MAP kinase enhances sensitivity of muscle glucose transport to insulin. Am J Physiol Endocrinol Metab, 288, E782–788
56) Zierath JR, et al. (1994) Effects of glycaemia on glucose transport in isolated skeletal muscle from patients with NIDDM: in vitro reversal of muscular insulin resistance. Diabetologia, 37, 270–277
57) Krebs M, et al. (2002) Mechanism of amino acid-induced skeletal muscle insulin resistance in humans. Diabetes, 51, 599–605
58) Roden M, et al. (1996) Mechanism of free fatty acid-induced insulin resistance in humans. J Clin Invest, 97, 2859–2865
59) Franz MJ, et al. (2004) Nutrition principles and recommendations in diabetes. Diabetes Care 27 Suppl, 1, S36–46
60) Richter EA, et al. (1988) Glucose-induced insulin resistance of skeletal-muscle glucose transport and uptake. Biochem J, 252, 733–737
61) Hager SR, et al. (1991) Insulin resistance in normal rats infused with glucose for 72 h. Am J Physiol, 260, E353–362
62) Kurowski TG, et al. (1999) Hyperglycemia inhibits insulin activation of Akt/protein kinase B but not phosphatidylinositol 3-kinase in rat skeletal muscle. Diabetes, 48, 658–663
63) Yki-Jarvinen H, et al. (1987) Hyperglycemia decreases glucose uptake in type I diabetes. Diabetes, 36, 892–896
64) Traxinger RR, et al. (1989) Role of amino acids in modulating glucose-induced desensitization of the glucose transport system. J Biol Chem, 264, 20910–20916
65) Patti ME, et al. (1998) Bidirectional modulation of insulin action by amino acids. J Clin Invest, 101,

1519-1529
66) Tremblay F, et al. (2005) Overactivation of S6 kinase 1 as a cause of human insulin resistance during increased amino acid availability. *Diabetes*, **54**, 2674-2684
67) Reaven GM, et al. (1988) Measurement of plasma glucose, free fatty acid, lactate, and insulin for 24 h in patients with NIDDM. *Diabetes*, **37**, 1020-1024
68) McGarry JD (1992) What if Minkowski had been ageusic? An alternative angle on diabetes. *Science*, **258**, 766-770
69) Kruszynska YT, et al. (2002) Fatty acid-induced insulin resistance: decreased muscle PI3K activation but unchanged Akt phosphorylation. *J Clin Endocrinol Metab*, **87**, 226-234
70) Vessby B, et al. (2001) Substituting dietary saturated for monounsaturated fat impairs insulin sensitivity in healthy men and women: The KANWU Study. *Diabetologia*, **44**, 312-319
71) King PA, et al. (1993) Exercise, unlike insulin, promotes glucose transporter translocation in obese Zucker rat muscle. *Am J Physiol*, **265**, R447-452
72) Kusunoki M, et al. (1993) Muscle glucose uptake during and after exercise is normal in insulin-resistant rats. *Am J Physiol*, **264**, E167-172
73) Oakes ND, et al. (1997) Diet-induced muscle insulin resistance in rats is ameliorated by acute dietary lipid withdrawal or a single bout of exercise: parallel relationship between insulin stimulation of glucose uptake and suppression of long-chain fatty acyl-CoA. *Diabetes*, **46**, 2022-2028
74) Kennedy JW, et al. (1999) Acute exercise induces GLUT4 translocation in skeletal muscle of normal human subjects and subjects with type 2 diabetes. *Diabetes*, **48**, 1192-1197
75) Martin IK, et al. (1995) Splanchnic and muscle metabolism during exercise in NIDDM patients. *Am J Physiol*, **269**, E583-590
76) Etgen GJ Jr., et al. (1997) Exercise training reverses insulin resistance in muscle by enhanced recruitment of GLUT-4 to the cell surface. *Am J Physiol*, **272**, E864-869
77) Dela F, et al. (1994) Physical training increases muscle GLUT4 protein and mRNA in patients with NIDDM. *Diabetes*, **43**, 862-865
78) Lund S, et al. (1997) Effect of insulin on GLUT4 cell surface content and turnover rate in human skeletal muscle as measured by the exofacial bis-mannose photolabeling technique. *Diabetes*, **46**, 1965-1969
79) Koranyi LI, et al. (1991) Level of skeletal muscle glucose transporter protein correlates with insulin-stimulated whole body glucose disposal in man. *Diabetologia*, **34**, 763-765
80) Kraniou Y, et al. (2000) Effects of exercise on GLUT-4 and glycogenin gene expression in human skeletal muscle. *J Appl Physiol*, **88**, 794-796
81) Greiwe JS, et al. (2000) Exercise induces lipoprotein lipase and GLUT-4 protein in muscle independent of adrenergic-receptor signaling. *J Appl Physiol*, **89**, 176-181
82) Vukovich MD, et al. (1996) Changes in insulin action and GLUT-4 with 6 days of inactivity in endurance runners. *J Appl Physiol*, **80**, 240-244
83) Bosy-Westphal A, et al. (2003) The age-related decline in resting energy expenditure in humans is due to the loss of fat-free mass and to alterations in its metabolically active components. *J Nutr*, **133**, 2356-2362
84) Dunstan DW, et al. (2002) High-intensity resistance training improves glycemic control in older patients with type 2 diabetes. *Diabetes Care*, **25**, 1729-1736
85) Castaneda C, et al. (2002) A randomized controlled trial of resistance exercise training to improve glycemic control in older adults with type 2 diabetes. *Diabetes Care*, **25**, 2335-2341

3. 運動における疲労感発生のメカニズム

3.1 現代社会と疲労

現代の日本では長期にわたって疲労を感じている人が非常に多い（就労人口の約6割）という調査結果が明らかとなり，抗疲労あるいは疲労からの早期回復をはかる処方の開発が社会的急務となっている．疲労からの回復を望む多くの人の要求に応えて，さまざまな疲労回復法が謳われ多種類の栄養ドリンクなどが市販されているが，実際の効果については科学的証拠が示されていないものがほとんどである．それゆえ疲労が生じる機構を科学的に解明し，実際に抗疲労・疲労回復機能をもった食品などを開発する基礎を整備することが必要である．

これまで肉体的な疲労の生成する機構については骨格筋の疲労を中心に詳しく調べられてきた．これに対し精神的な疲労の生成，あるいは疲労を感じる機構の解明はその重要性は認識されているものの実際の研究はまだ少ない．中枢においてどのような機構で疲労感が生成されるのか詳しくは解明されていない．疲労は疾病とは異なり休息を取ることにより回復できる．このため他の病気と比べて研究がおろそかにされてきた面は否めない．また疲労はさまざまな様相をもつために疲労度を評価するためのコンセンサスの得られた指標の確立が遅れていることも研究の進展に影響していると考えられる．

ヒトはさまざまな状況で疲労を感じる．運動はもちろんのこと，たとえば病気のときにも著しい疲労に見舞われる．このほかにもたとえば引っ越しにより住んでいるところが変わるとか職場が変わる，上司が変わるなどといった環境・社会的な変化があった場合にも疲労を感じることがある．また，そのときの精神状態によっても疲労を感じやすかったり感じにくかったりすることを経験する．このように一口に疲労といってもさまざまな状況で惹起されるため，疲労の指標となる物質の特定や疲労の評価方法の確立のため体系的な検討が必要であろう．本章

において疲労とは心身の消耗に伴うさまざまな様態をすべて含めた生理的な状態を指し，疲労感とはそのうちの主観的に知覚される部分，疲れたという感じを表すこととする．疲労感は中枢性疲労とほぼ同じ意味だと考えられる．

3.2 運動と疲労

娯楽，あるいは競技として運動を行うのはヒトのみである．霊長類，あるいは動物の子どもは遊びとして運動するが，競技は行わない．普通動物の行う運動は捕食，およびそれとは逆に敵からの逃亡のために行うもの，あるいはトリの渡りに代表されるような移動であろう．

個体の運動能力を超えた負荷の運動を行っていれば，たとえばすぐに息があがって運動を続行することができない．これは一種の肉体的限界による疲労である．たとえ低強度の運動であっても運動を始めてしばらくすると'疲労'を感じ，そして，間もなく運動をやめる，もしくは運動強度をさらに弱くする．ヒト以外の動物でも同様に反応するが，これはできるだけエネルギーの消費や肉体の消耗を抑制し，本当の危機に対して体力を温存する反応といえる．もし，疲労を感じなければ動物は動けなくなるまで，すなわち肉体の限界に至るまで，極端な場合には死ぬまで動き続けるかもしれない．疲労を感じることとは身体の消耗を検知し，それ以上の身体の消耗を防ぐための防御反応の一環として作動する警告信号ではないかと考えられる．

このような警告を無視すると大きな痛手を負うことになるのは当然の結果なのであるが，ヒトの場合，たとえば仕事に対する責任感，あるいは充実感ゆえに疲労感を無視してしまう場合が多々ある．これにより慢性疲労や，極端な場合過労死を招くことさえあり，いまや社会問題にもなりつつある．

運動による疲労感の原因物質としていまだに乳酸をあげている例をみる．乳酸はある一定強度以上の運動負荷を与えたときに，好気的なエネルギー産生が間に合わなくなることで生成し，やがて収縮を行っている骨格筋内に蓄積し始める．これにより筋肉中のpHが低下しそのパフォーマンスが低下するということから乳酸と骨格筋疲労が関連づけられている．骨格筋の能力以上の運動は血液中の乳酸の上昇という形で脳に検知され，疲労感を生成させると信じられてきた．乳酸は確かに筋肉疲労の指標になりうるがはたして本当に乳酸が疲労感を引き起こす

のだろうか．近年，神経細胞に隣接するグリア細胞が自身のもつグリコーゲンを分解して乳酸の形で神経細胞に供給していることが明らかとなってきた．血中のグルコースの供給が間に合わないとき，神経細胞は乳酸をエネルギー源とする．また乳酸は神経細胞にとってグルコースよりも利用しやすいエネルギー源であることがわかってきている．このことから，乳酸は骨格筋（末梢組織）での疲労の原因とすることは正しいが，これが疲労感を引き起こす物質であるとは考えにくい．

運動時の疲労感生成機構としてよく知られている説に Newsholme らの**セロトニン仮説**がある．長時間の持久的運動を行うとエネルギー源として遊離脂肪酸が動員される．遊離脂肪酸は血中での輸送キャリアとして血清アルブミンを使う．血清アルブミンはアミノ酸の一種のトリプトファンのキャリアでもある．しかし，遊離脂肪酸が大量に動員されることでアルブミンを占有し，トリプトファンが追い出され，結果として結合していない遊離のトリプトファン濃度が増大する．

トリプトファンは神経伝達物質の一種であるセロトニン前駆体でもある．脳内でのセロトニンの合成は基質の供給が律速段階になっており，遊離のトリプトファンが増加することで脳内に流入する量が増え，セロトニンの合成量が増大する．これによりセロトニン作動性神経の活動が上昇し，疲労感を生成する，というのが彼らの説である．

また持久運動では骨格筋でのエネルギー源として分枝鎖アミノ酸も利用される．分枝鎖アミノ酸は特異的な輸送タンパク質によって脳内に取り込まれるが，同じ輸送タンパク質をトリプトファンも利用している．運動によって分枝鎖アミノ酸の血中濃度が減少すると脳内に流入するトリプトファンの量が相対的に増大することも上で述べたようなセロトニン合成が増加する条件と一致する．

脳内のトリプトファン流入を抑制することで疲労感が抑制されることや，セロトニン作動性神経の活動を薬物で変化させることで持久運動の成績が変わることなどから，この仮説は妥当であると考えられてきた．

しかし，セロトニンの合成が増大するような脂肪酸濃度の増大や分枝鎖アミノ酸濃度の低下がみられるような状況はマラソンのようなかなり長時間の運動を要するものであり，われわれが日常的に感じている，肉体的な消耗のあまりない疲

労感とは異なるものと考えられる．また，うつ病患者や慢性疲労症候群患者は意欲の低下や強い疲労感を訴えるが，これら疾患の治療に脳内のセロトニン濃度を高める**セロトニントランスポーターの選択的阻害剤**（serotonin specific reuptake inhibitor, SSRI）がよく使われていることから，セロトニンの低下がむしろ疲労を引き起こしていると考えられる．セロトニンだけでは少なくとも疲労時の意欲の低下は説明できない．

渡辺らは脳血流量の変化を測定することで健常人が疲労を感じているときに活動が亢進する脳部位を眼窩前頭や下前頭葉，前帯状回と報告している[3]．今後疲労感の発生に関与する分子的背景と，脳活動の可視化などを含めた神経生理学的手法を統合し，疲労感の生成機構を解明していく必要があると思われる．

3.3 脳内サイトカインの役割

脳の（物質的）活動は，脳が浸っている環境である脳脊髄液にある程度反映される．脳脊髄液とは頭蓋骨と脊椎によって保護された脳と脊髄が浸っている液で，クッションの役割をするだけでなく栄養素などの物質を運ぶ役割をしている．筆者らは疲労感を生成する物質が脳で産生され，疲労が起こる条件で，その物質が脳に対して作用するとともに一部が脳脊髄液中に漏れ出てくると仮定した．それゆえ，想定したような活性が存在するならば，疲労した動物の脳脊髄液を疲労していない動物に投与すると，その動物に疲労感が生じるはずである．そこで，強制遊泳運動により疲労させたラットの脳脊髄液を採取してこれを安静に保ち肉体的な疲労のないマウスに投与したところ，疲労したときのように動かなくなり，オープンフィールドにおける自発行動量の減少がみられた（図3.1）．この結果より，運動により疲労させたラットの脳脊髄液中には，自発行動量を減少させる物質が存在することが明らかとなった．さらに淡水産腔腸動物であるヒドラを用いたバイオアッセイにより，疲労したラットの脳脊髄液中で増加している物質は **TGF-β**（transforming growth factor-β）であることが示唆された．疲労したラットの脳脊髄液から抗 TGF-β 抗体を用いて TGF-β を除去すると，自発行動量を低下させる活性が失われ，精製した TGF-β を脳内に投与すると用量依存的に自発行動量の低下が見られた（図3.2）．オープンフィールドでの自発行動には探索行動が含まれるが，純粋に自発的な運動のみを測定できる，ホームケー

3.3 脳内サイトカインの役割

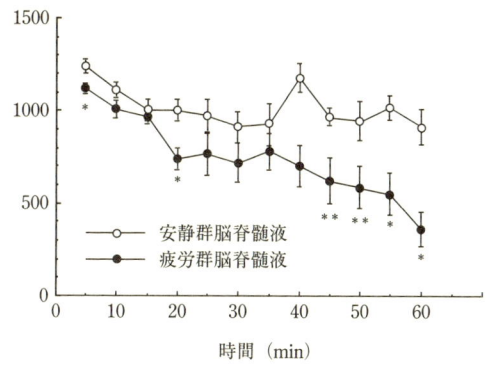

図3.1 疲労ラット脳脊髄液の脳内投与がマウス自発行動量に及ぼす影響
遊泳運動により疲労させたラットの脳脊髄液をマウスに脳内投与し，その自発行動量を測定した．対照群には運動していない安静ラット脳脊髄液を投与した．*：$p<0.05$，**：$p<0.01$
（引用文献1より改変）

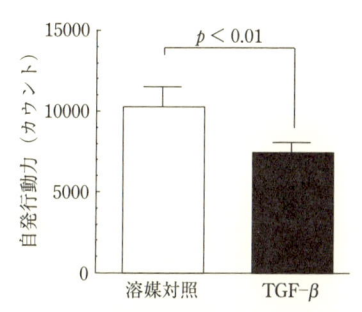

図3.2 TGF-β 脳内投与がマウス自発行動量に及ぼす影響
TGF-β をマウスに脳内投与し，その自発行動量を測定した．60分間の自発行動量の積算値を示した．対照群にはTGF-β を溶解するのに用いた溶媒のみを投与した．
（引用文献1より改変）

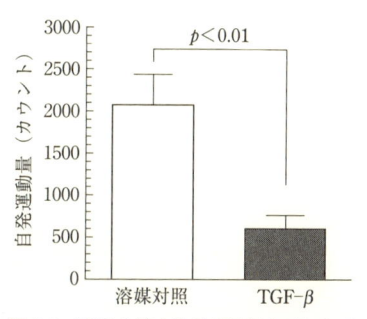

図3.3 TGF-β 脳内投与が回転かごにおけるマウス自発運動量に及ぼす影響
TGF-β をマウスに脳内投与し，その自発運動量を測定した．測定時間3時間においてマウスが走行した量を回転かごの回転数カウントで示した．対照群にはTGF-β を溶解するのに用いた溶媒のみを投与した．
（引用文献1より改変）

ジに回転カゴを設置した装置で自発運動量（回転かごの回転数）を測定すると，TGF-β 投与によりその減少がみられた（図3.3）．これらの結果よりTGF-β がおそらく疲労感を生成することにより，運動負荷による自発行動量の減少に関与することが明らかとなった．

TGF-βはもともと細胞の表現型をトランスフォームし，増殖させる活性として発見された．その後の研究の進展によりTGF-βは非常にさまざまな作用をもつサイトカインの一つとして認識されており，細胞の成長，分化，機能の亢進またはその逆の抑制にも働く多機能性を示すことが明らかとなっている．このような機能の一環としてTGF-βは，傷害や炎症に伴う組織の損傷の修復にも関与している．TGF-βは脳内でも広く発現がみられ，ニューロンやアストロサイト，マイクログリアなどで発現がみられる．そして脳内でも上記のような機能をもっていると考えられているが，これに加えて疲労感を発生させる役割をもっていることが筆者らの研究により示された．なぜTGF-βがこのような動物の行動に影響を与える働きをもつようになったのか，その進化的要因は不明である．しかし，疲労感の役割の一つとして，進行中の運動を止め，運動により消耗した組織の修復に適した環境を整える目的があるとすれば，TGF-βが疲労感を発生させる機能をもっているということはある意味当然なのかもしれない．

3.4 疲労感とエネルギー代謝

疲れたという感覚は，身体がエネルギーを使い果たし動けなくなってしまうのを避けるための防御機構であると考えられる．つまり脳内TGF-βは疲労感を発生させ，自発行動を抑制することにより，それ以上の末梢組織でのエネルギー消費を抑え，回復を促しているのであろう．しかしたとえ疲労を感じても，運動をやめることが個体の維持に直接危機をもたらす場合がある．たとえば，われわれが泳いでいるとき，疲れたといって泳ぐのをやめてしまえばおぼれ死ぬかもしれない．野生動物が捕食者から逃亡しているときも同様である．このような状況では，できるだけ長時間運動を続けていられるように身体の代謝を変動させる必要がある．

運動を始めて初期の段階は糖質が主にエネルギー源として使用され，徐々に脂肪酸を用いる割合が高くなってくる．糖質は脂肪と比較して貯蔵量の少ないエネルギー源であり，かつ，脳の主要なエネルギー源である．グリコーゲンは体内の糖質の貯蔵形態であるが，筋肉に蓄えられているグリコーゲンが枯渇すると円滑な筋収縮に支障をきたす．マラソンにおいて競技場の最後の直線まで勝負がもつれたとき，爆発的なスプリントで先にゴールするためにグリコーゲンは温存しな

くてはならない．野生動物でも最後の瞬間に敵から逃げおおせるために瞬発的運動のエネルギー源であるグリコーゲンを残しておく必要がある．そのため糖質主体から脂肪酸主体へとエネルギー基質の利用割合を変化させることは長時間運動を行わねばならないときには特に重要になってくる．運動により疲労を感じ始める頃には体内のエネルギーがある程度消費されているが，この時点で運動をやめることができないのであれば，持久運動に備えてエネルギー代謝を脂肪酸代謝優位に変化させる方が合理的である．TGF-β は脳内で疲労感を引き起こす一因となっているが，単に疲労感を生成するだけではなく代謝にも影響を与えているかどうか興味がもたれた．

TGF-β を脳内に投与すると，体内でエネルギー基質として何が酸化されているかという代謝状態の指標となる**呼吸交換比（呼吸商）**の値が少なくとも1時間は低下する傾向がみられた（図3.4）．また，このとき糖質燃焼量に変化はみられなかったが，脂肪酸燃焼量の有意な増加がみられた（図3.5）．酸素消費量に変化はみられなかったことから，TGF-β の脳内投与によって，エネルギー消費量は変化せず，脂肪酸の燃焼する割合が高くなることが明らかとなった．TGF-β を

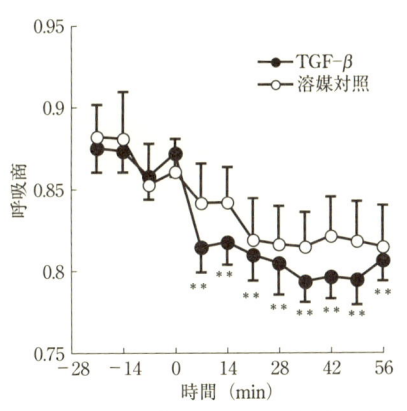

図3.4 TGF-β 脳内投与がラット呼吸商に及ぼす影響

TGF-β をラット脳内に投与したときその呼吸商の変化をを測定した．対照群には TGF-β を溶解するのに用いた溶媒のみを投与した．**：$p < 0.01$
（引用文献2より改変）

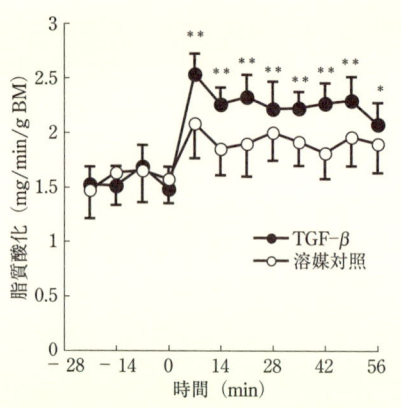

図 3.5 TGF-β 脳内投与がラット脂質酸化に及ぼす影響
図 3.4 と同様の条件で，ラットがエネルギー基質として脂質を用いる量の変化を示した．
$*: p < 0.05$，$**: p < 0.01$
（引用文献 2 より改変）

投与したときにみられるこれらの代謝変化は持久運動を行ったとき，あるいはその後の代謝の状態と同様であり，TGF-β の運動時の代謝調節への関与を強く示唆するものである．脳内 TGF-β による脂肪酸利用割合の増加は持久運動に適した代謝状態にするためなのか，それとも運動終了後の身体の回復や修復のためなのかは不明であるが，TGF-β は疲労を引き起こすような状況に心身ともに対応させる方向にはたらいているようである．

3.5 発熱と疲労

風邪をひくと疲労感が生じる．このほかにも発熱，寒気，眠気，食欲低下，関節痛などさまざまな症状が現れる．このような症状は誰にとってもあまり好ましいものではない．しかし，これにより動物は初期には体調の異変を認識し，完全に感染が確立してしまったときには活動を休止して回復を期すことになる．これらの症状はいずれも身体にとって不利な反応と思われるが，必ずしもそうとはいえない．たとえば感染時の食欲低下についてすら何らかの利点があるように思われる．実験的に感染症を引き起こしたマウスに健康なマウスと同カロリーの食餌を摂取させるとその死亡率が有意に増加してしまうことから，食欲を低下させ食餌摂取を抑制する反応には感染症に対して有利となる何らかの機能があることを

示唆している．また発熱にはウイルスやバクテリアの増殖を抑制し，免疫細胞を活性化，増殖させる目的がある．寒気を感じることには体熱の余計な放散を防ぎ，（感染防御的）発熱状態を効率良く維持するための行動を引き起こす意味があるのかもしれない．感染時の疲労感は運動時の疲労以上に動くことが不利になるということを知らせるものだと考えられる．痛みや発熱は生体に何らかの不具合があることを知らせ，その原因に対処する反応を引き起こすものであり，そのような意味で疲労感も同様の警告信号であると見なされる．生体防御反応としての発熱は遮断する方が感染の除去を遅らせてしまう．しかし過剰な反応は身体にとって大きなストレスとなってしまうため，痛み，発熱，疲労感とも不必要な部分に関してはコントロールが必要なことはいうまでもない．

　風邪のような全身におよぶ感染症では，単球やマクロファージが活性化されサイトカインが分泌される．この血中に放出されたサイトカインが脳に作用することにより，動物の行動量や摂食量，体温などに大きな影響を与えることが明らかになっている．ヒトにおいても同様で癌などの治療目的でサイトカインを投与すると副作用として発熱，食欲低下，頭痛，疲労感などの症状がみられる．つまり感染症による疲労感とサイトカインとの関連が強く示唆されている．

　運動による疲労感生成時の TGF-β の働きから，感染による疲労感にも同様に TGF-β が関与しているかもしれないと考えられた．そこで疑似的感染モデルとして合成二本鎖 RNA である polyinosinic–polycytidylic acid（Poly-I：C）をラットの腹腔内に投与することで感染様症状を引き起こし，感染により引き起こされる疲労感と TGF-β との関連について検討した．ウイルスが増殖する際には二本鎖 RNA が大量に合成され，これにより体内の免疫系が活性化され，一連の感染防御反応が引き起こされる．このため，Poly-I：C を投与するとウイルス感染と同様の症状が引き起こされることを利用した．

　Poly-I：C を腹腔内に投与するとラットの行動量は激減するのが観察される（図 3.6）．ラットはうずくまって動かなくなり，餌もほとんど食べない．これらの症状に対応するように脳脊髄液中の TGF-β 濃度の増加が見られた（図 3.7）．ラットの自発行動減少に先立って脳脊髄液中で TGF-β 濃度が上がることは，このサイトカインが感染時の疲労様行動の発現にも関与していることを示唆するデータと考えられる．

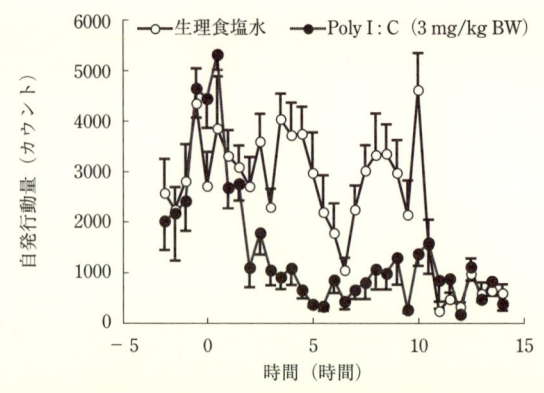

図 3.6 Poly I : C 腹腔内投与がラット自発行動量に及ぼす影響
Poly I : C を生理食塩水に溶解しラット腹腔内に投与したときの自発行動量の変化を示した．対照群には生理食塩水のみを投与した．

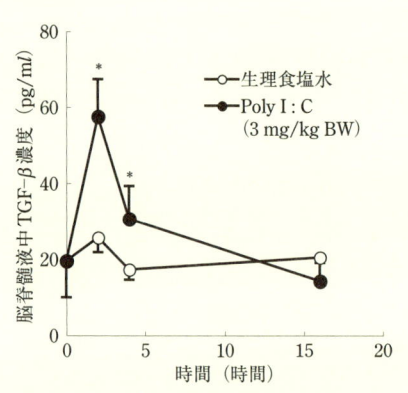

図 3.7 Poly I : C 腹腔内投与が脳脊髄液中 TGF-β 濃度に及ぼす影響
ラット腹腔内に Poly I : C を投与したときの脳脊髄液中 TGF-β 濃度の変化を示した．＊：$p < 0.05$．

　免疫細胞により分泌されるサイトカインは大まかにわけると炎症性と抗炎症性のものに分類されるが，TGF-β は後者に分類される．ウイルス感染時や Poly-I : C 投与により一般的には血液中の炎症性サイトカインが増加するとされており，その中でも interleukin-1β や tumor necrosis factor-α，interferon-α などが感染

時のうつ症状や食欲の低下，行動量の低下で表される疲労感の生成に関与することが知られている．TGF-β は末梢組織では抗炎症性サイトカインとして働き，炎症性サイトカインの産生や活性を減弱させる．脳内でもおそらく抗炎症性サイトカインとして炎症性サイトカインの過剰な働きを抑制しているのだろう．しかし，TGF-β を脳内に投与すると自発行動量の低下がみられる現象はサイトカインとしての働きでは説明できず，脳内ではこのほかにも別の作用をもっていると考えられる．このような働きを示す例として，脳内に TGF-β を投与するとラットでは脳波のうち β 波の増加と α 波の減少が，また細胞外液中の神経伝達物質濃度の変動に表される神経活動の変動がいくつかの脳部位で明らかとなっている．これらは TGF-β がサイトカインとして別の免疫担当細胞に対し作用しているのではなく，神経細胞に作用して脳の活動を変調していることを示している．

感染による疲労感と運動による疲労感ではその原因は明らかにまったく異なるものである．これに対し TGF-β は感染でも運動でも脳脊髄液中で増加することから，両者の疲労感生成機構のうち TGF-β が関与する部分など一部は共通の経路があるのかもしれない．いずれの場合においても疲労感は行動を抑制し身体を回復させるという目的では共通であり，疲労感を形成する機構において，身体を消耗させる刺激（ストレス）を脳内に伝え，メディエーターの一つとして機能するのが脳内 TGF-β だと考えられる．

引用文献

1) Inoue K, Yamazaki H, Manabe Y, *et al.* (1999) Transforming growth factor beta activated during exercise in brain depresses spontaneous motor activity of animals. Relevance to central fatigue. *Brain Res*, **846**, 145–153
2) Yamazaki H, Arai M, Matsumura S, *et al.* (2002) Intracranial administration of transforming growth factor-beta3 increases fat oxidation in rats. *Am J Physiol Endocrinol Metab*, **283**, E536–E544
3) 井上正康，倉恒弘彦，渡辺恭良（2001）疲労の科学，講談社

参考文献

Inoue K, Yamazaki H, Manabe Y, *et al.* (1998) Release of substance that suppresses spontaneous motor activity in the brain by physical exercise. *Physiol Behav*, **64**, 185–190
Yamamoto T, Newsholme EA (2000) Diminished central fatigue by inhibition of the L-system transporter for the uptake of tryptophan. *Brain Res Bull*, **52**(1), 35–8

4. 筋肉増強のメカニズム

　筋肉はエネルギー源産生に関して他の組織にほとんど寄与しない，利己的な組織である（後述するように非常時にはアミノ酸の形で糖新生などの基質供給源として，大きなプールではある）．さらに静止時にも組織維持に多くのエネルギーを使い続ける浪費家ともいえる．このため動物の身体において骨格筋の量は必要な量だけが維持されるよう厳密な調節を受けている．

　筋肉の増強といった場合，骨格筋の出力の増大や持久的な運動能力の増大が想定される．骨格筋出力は究極的には筋断面積，すなわち骨格筋の太さ・量により決定される．瞬発力を高めるためには速い筋肉の収縮特性と大きな筋出力が必要で，このような能力を増大させるトレーニングはウェイトトレーニングなどに代表される，高い負荷をかけて運動するレジスタンストレーニングである．骨格筋量の増大には筋線維数が増大する場合，それから筋線維が太くなる場合がある．筋線維の数が増大する場合は **hyperplasia**（**過形成**），筋線維の数は増えずに1本1本が太くなる場合を **hypertrophy**（**肥大**）とする．

　骨格筋での持久運動能力を高めるためには，有酸素的にエネルギーを産生する能力を高めることが必要で，そのためには骨格筋内のミトコンドリア量を増大させなければならない．そのとき，骨格筋そのものも疲労しにくいタイプに変換されている必要がある．また当然のことながらエネルギー源や酸素供給に必要な血管系の発達，細胞にエネルギー基質を取り込むための各種担体の増大も同時に起こる必要がある．

4.1　筋肉の遺伝子発現

　骨格筋は形態的に複雑な器官であり，さまざまな細胞が三次元的に組織されて本来の機能を果たす．そのために複雑な発生過程を経る．通常筋肉の元になる細

胞（筋芽細胞）の増殖，分化，細胞融合（多核の筋管形成，さらに組織化），成熟という経過をたどるが，形態的に特徴のない線維芽細胞様の筋芽細胞が骨格筋に変化していく過程は視覚的にも大きな変化であり，多くの研究者がその過程に興味をもっていた．今日骨格筋の発生過程はかなり明らかになってきている．

a. 骨格筋収縮タンパク質の種類と機能，発現

1）骨格筋形成のマスターレギュレーター　骨格筋形成には Myod というタンパク質がすべてのスイッチをオンにする働きをもつ**マスターレギュレーター**だと考えられている[1]．さまざまな異なった系譜の細胞に Myod を導入するだけで骨格筋細胞への分化を誘導することができる．すなわち，他種の細胞に分化することを決定づけられた細胞であっても Myod の導入で骨格筋へと分化することから，この遺伝子が骨格筋形成に関してマスターレギュレーターと考えられている．

個体の発生時には Myod に加えて構造の非常によく似た Myf5，myogenin（Myog）と Mrf4 が骨格筋分化に重要であることがわかっている．これらはいずれも**塩基性ヘリックス-ループ-ヘリックスタンパク質**（basic helix-loop-helix proteins, bHLH）と呼ばれるクラスに属する．Myod, Myf5 をそれぞれ単独に遺伝子破壊したマウスでは正常に骨格筋が形成されるが，この両者を同時に破壊すると骨格筋は生成しない．Myod と Myf5 は胚の中で発現する部位が違うのだが，互いに機能を補完することができる．Myog と Mrf4 はこの両者によって誘導される．

Myod による活性化に応答する遺伝子すべてが同時に発現するわけではない．一部はただちに誘導されるが，他方で誘導にさらに 2 日ほど必要な遺伝子もある．加えていくつかの遺伝子発現は一時的であり，いくつかの遺伝子には直接発現が減少するものもある．大まかには初期に誘導発現する遺伝子の多くは接着分子，プロテアーゼも含めた細胞外マトリックス分子，中間期に発現する遺伝子群は大部分が遺伝子転写調節因子，最後に発現する遺伝子群は骨格筋の収縮機能に関与する筋線維と細胞骨格タンパク質である．すなわち，Myod の発現に引き続き，初めに細胞の遊走と位置決定がなされ，次に転写因子セットの活性化が起こり，分化の最終段階になってはじめて骨格筋収縮タンパク質が発現される．

2）横紋筋（心筋と骨格筋）に発現するミオシン重鎖アイソフォーム　本章

では心筋と骨格筋を対象とする．両者はいずれも横紋筋をもつ．これら筋肉の収縮特性を決定するのは**ミオシン重鎖**（myosin heavy chain, MHC）である．MHCは骨格筋を形成し，化学的エネルギー（ATP）を運動に変換する活性の本体である．MHCは個体の発生から成熟に至るまでに時期，および体内の部位によって異なるアイソフォームが発現する調節を受けている．MHCアイソフォームごとに収縮速度が異なる．哺乳動物の横紋筋で発現しているMHCは下記のものが同定されている[2]．

胚型（embryonic）：新生仔型とともに発生時の筋肉で主要なアイソフォームである．咬筋，外眼筋でもみられる．また成熟動物の筋再生時にもみられる．

新生仔型（neonatal）：新生仔の骨格筋に発現しているタイプ．株化された筋細胞や骨格筋の初代培養で発現するMHCは胚型と新生仔型である．

心筋型 α（cardiac alpha, α-MHC）：α と β-MHCは主として心筋で発現している．α-MHCは咬筋にも発現している．

心筋型 β（cardiac beta, β-MHC/slow type I）：β-MHCは心筋，胚の骨格筋でも見られるほか，成熟遅筋で主要なアイソフォームである．

遅筋型タイプ I（slow type I）：β-MHCと同じ．骨格筋の内でも遅筋に多く発現している．通常遅筋は姿勢を保つ筋肉で，体深部に存在する．

速筋型タイプ IIa（fast IIa）：速筋で発現している．速筋型の中で収縮速度が最も小さい．通常速筋は大きな出力を必要とする運動に用いられ，体表面に近い部分に存在する．

速筋型タイプ IIx または IId（fast IIx/IId）：速筋で発現している．中間的な収縮速度を示す．

速筋型タイプ IIb（fast IIb）：速筋で発現している．最も収縮速度が大きい．人ではタイプIIbの遺伝子は存在するが，IIbタンパク質の発現は確認できないとする報告がある．

外眼筋型（extraocular type）：主として外眼筋と喉頭筋に発現が限局されたタイプ．

下顎/咀嚼筋型（mandibular/masticatory type, m-MHC）：肉食動物の下顎筋に発現するタイプ．

3） **心臓でのMHC発現調節**　ヒト心臓では心室に β-MHC，心房に α-

MHC が発現しているが，ラットなど齧歯類では α-MHC が主要なアイソフォームである．

心臓は全身に血液を供給するため，動物の運動の状態に対する適応を示す．また末梢血管抵抗の増大，すなわち高血圧による機械的負荷の増大にも影響を受ける．他の MHC 同様甲状腺ホルモンの調節を受ける（後述）．

4） 骨格筋での MHC 発現調節　新生児期の骨格筋はまだ未分化で，筋肉のタイプ（すなわち部位による MHC アイソフォーム発現パターン）もまだ決まっていない．遅筋と速筋を決める要素の一つに神経支配がある．すなわち，運動神経の発火パターンが遅筋と速筋を決める．**神経支配をつけ替える**（cross innervation）と新しく付けられた神経の性質に応じて骨格筋のタイプが変わるという古典的データがある[3]．

さらに遅筋（抗重力筋）の発達には体重がかかる刺激（体重を支える動作）が必要である．速筋の発達には体重負荷は必要ないが，甲状腺ホルモン（後述）が作用しないと未分化の状態が続く．

骨格筋での MHC 発現は可塑性がある．普通の人の速筋（たとえば大腿四頭筋）では遅筋型と速筋型 MHC が混合して発現されているが，同じ筋部位であっても非常に良くトレーニングされたマラソンランナーではほとんどがタイプ I であり，短距離選手やウェイトリフティング選手ではタイプ IIa/IIx が大部分を占めるように，トレーニングによって骨格筋ミオシン発現パターンは変動する．

5） 甲状腺ホルモンの影響　甲状腺ホルモンは MHC 発現に大きな影響を与える．新生時には甲状腺ホルモン濃度は非常に低いが，成長に伴いその濃度は次第に増加する．発達期の甲状腺ホルモンは骨格筋の成熟を促すとともに，成長してからは基礎的な代謝量を規定する作用をもつ．基本的に，甲状腺ホルモン濃度減少は遅筋型への変換を促し，遅筋ではタイプ I 発現割合の増大が，速筋ではタイプ IIa 発現割合の増大が起こる（骨格筋への負荷増大と同じ方向）．逆に甲状腺ホルモン濃度の増大は速筋型への変換を誘導し，タイプ I の発現減少，タイプ IIx/IIb 発現増大をもたらす（骨格筋への負荷減少と同じ方向）．

心臓では甲状腺ホルモン濃度が下がると β アイソフォームの発現が増大する．長期的な飢餓状態でも同様の変化が起きるが，これは低栄養状態に適応して甲状腺ホルモン濃度が減少することによる影響と考えられる．

4.2 骨格筋に対するトレーニングの影響
a. 運動による遺伝子発現調節

　単回の運動により，代謝関連酵素，転写因子，免疫変調因子などの遺伝子発現が有意に増大することを多くの報告が示している．ただし運動している最中は遺伝子発現の多くは抑制されており，大部分の遺伝子発現は運動終了後の回復期に最も促進されるとしている．

　1回の運動による影響と，同じ運動を反復するトレーニングの影響は明らかに異なるが，運動強度と期間，頻度など考慮すべき要素が多くあり，体系的な解析はあまり進んでいない．トレーニングを反復することで適応が起こり，物理的に同じ大きさの運動負荷であっても生体に対する影響が異なってくるなど，解析が複雑になることが実際に起こる．これに比べて単回の運動による影響は条件を整理しやすいが，長期的なトレーニングによって初めて現れる効果については検討できない．トレーニング効果の検討をする実験を行うときは条件の設定を慎重に行う必要がある．このような実験条件のむずかしさのために，運動に適応して発現するタンパク質について，その転写レベルと転写以降，翻訳レベルでの調節の寄与について詳しくはわかっていない．mRNA量と合成されるタンパク質の量は必ずしも相関していない場合も多く，mRNA量の増加に先立ち，タンパク合成速度の上昇が起きる場合があり，この場合はタンパク質合成効率の上昇で対応していることになる．

b. 運動に対する適応とこれに関与する調節因子

　1）　レジスタンストレーニングの場合　　レジスタンストレーニングはたとえばウェイトトレーニングのように高い負荷をかけて運動することにより筋出力の増大（筋肉増大）を目指すものである．筋肉の肥大が起きるような高強度の負荷によるトレーニングで，細胞の体積に対する細胞核の割合が一定だとする報告がある．このことは筋細胞になることが決定されているが休止状態にある衛星細胞が筋線維として分化し，既存の筋線維と融合して筋肥大が起きることを示している．これは冒頭で述べた hypertrophy である．衛星細胞の分化に際しては発生段階で骨格筋が形成される場合と同様の過程を経ていると考えられている．また協調筋の腱を切除することにより残った筋肉の肥大を促す実験系では筋線維数の増大が観察される．筋肥大としては非生理的な条件と考えられるが，これは代償的

肥大であり，hyperplasia（過形成）である．

i) MHC パターン　　レジスタンストレーニングにおいて，ラットではタイプ IIb 発現が減少しタイプ IIx の発現が増大する．ヒトではタイプ IIx から IIa への発現変換が見られる．最も大きな収縮速度を示すタイプ IIb は必ずしもトレーニングによって発現が増大せず，やや収縮速度の遅いタイプのアイソフォームの割合が増大する．瞬発能力増大を指向したトレーニングであってもまったく運動しない状態に比べて反復的な運動を行なわねばならないため，相対的に持久運動能力の高い IIa や IIx の発現割合が増大するのかもしれない．

ii) 筋肉量の調節

① タンパク同化作用をもつホルモン　　全身のタンパク質合成を高める作用をもつホルモンを**アナボリックホルモン**と呼ぶ．全身のタンパク質が増えることによって骨格筋タンパク質量も増大することになる．このような作用をもつホルモンとして，成長ホルモン，**インスリン様成長因子**（insulin-like growth factor, IGF），男性ホルモン（アンドロゲン）などがある．いずれのホルモンも標的となる組織は骨格筋に限らないため，単に投与しただけでは他の組織への作用も現れる．ただし IGF-I は骨格筋への強い関与が示されており，成長ホルモンの骨格筋に対する作用は IGF を介するものであると考えられている．

男性ホルモンの一種テストステロンは強力なタンパク同化作用をもち，その化学的類縁体にはアナボリックステロイドと称されドーピングの代表的な薬剤として知られているものが多くある．通常のトレーニングによる筋肥大にも内因性男性ホルモンが関与していることが示されているが[4]，トレーニングによって血中のホルモン濃度は変動しない．このときトレーニングした骨格筋でだけ男性ホルモンに対する受容体数が増大し，その感受性が高まっていることが示されている[5]．これはトレーニングした骨格筋だけで肥大が起こることを説明し，もし血液中のホルモン濃度増加で対処すると必要のない他の組織にまで効果が出てしまうのを回避する機構だと考えられる．

② ミオスタチン　　ミオスタチン（myostatin），あるいは growth and differentiation factor-8（GDF-8）は transforming growth factor-beta（TGF-β）スーパーファミリーに属するメンバーとしてクローニングされた．この遺伝子を欠損させたマウスでは骨格筋量が増大することから，正常なミオスタチンは骨格筋

量を負に調節する因子であると考えられた．またその作用は発生時にとどまらず，成熟した動物でも機能する．抗ミオスタチン中和抗体を成熟マウスに投与，あるいは生まれてからミオスタチン遺伝子を削除できるようにしたコンディショナルノックアウトマウスでその作用を遮断すると，成熟したマウスで骨格筋量のさらなる増大が確かめられている．さらに，遺伝的に**骨格筋量が多い**（double-muscled）ウシで，その原因としてミオスタチンの変異が確認され，畜産学の分野でも注目を集めてきた．ミオスタチンの発現量が栄養条件，あるいは運動によって変動するという報告もあり，筋肉量の増大に関しおおいに興味がもたれる因子であろう．その作用機構に関してはまだ詳細は明らかではないが，筋萎縮や病的な消耗などに対する治療の一環として利用される可能性がある．

iii） エネルギー代謝　短時間の瞬発的な筋収縮は無酸素的に行われる．低酸素状態では hypoxia inducible factor-1alpha（HIF-1α）が安定化し，解糖系の酵素，グルコース輸送担体，酸素輸送に関係するタンパク群を合成する酵素などが一斉に合成される．レジスタンストレーニング時には部分的に低酸素状態が骨格筋で生じており，HIF を介して適応が起こっていると考えられている

2）　持久トレーニングの場合　持久トレーニングではできるだけ高い速度を維持しつつ，長時間の運動を行う能力の発達を目指す．レジスタンストレーニングとは異なり，持久トレーニングへの適応では筋肥大の程度は低く，むしろ筋細胞で発現されているタンパク質の種類やアイソフォームの持久運動に適したものへの変化が主である．持久トレーニングの強度と量によりタンパク質の発現パターンは影響を受け，適応の程度は異なったものになる．

i） MHC パターン　MHC 発現パターンは遅筋と速筋によって異なる応答を示す．遅筋では発現する MHC はタイプ I がメインのまま変化しない．これに対し速筋では IIa，IIx の発現が増大し，IIb の発現は減少する．さらに，より長期のトレーニングではタイプ I が発現してくる可能性がある．

心臓では β アイソフォームの発現が増大する．心臓に対する機械的負担増（高血圧）でも同様の現象が起きることから共通のメカニズムが作動していると考えられるが詳細はまだ不明である．

ii） エネルギー代謝　持久運動能力を高めることはすなわち有酸素的に効率良くエネルギーを産生し，エネルギー源として脂肪をより効率良く使えるよう

にすることである．貯蔵量の限られた糖質エネルギー源（グリコーゲン）に比べて脂肪の量ははるかに多く，より長い運動に必要なエネルギーをまかなうことができる．有酸素的なエネルギー産生を担うものは細胞内小器官のミトコンドリアである．持久運動能力の高い遅筋はミトコンドリア量が多い．また酸素と結合するタンパク質であるミオグロビンの量も多いこともあわせて赤っぽく見え，赤筋と呼ばれることもある．一流の長距離選手では骨格筋は赤筋がほとんどであることは前述したが，収縮速度はトレーニングしていない人に比べてずっと速く，赤筋は遅筋であるとすると誤解を招くことがある．骨格筋においてミトコンドリアの量は有酸素的な運動能力を決定する一因である．これ以外にも十分な酸素とエネルギー基質を供給するために心血管系が，さらに骨格筋細胞側で基質取込能力の発達が必要であることはいうまでもない．

iii）　ミトコンドリア数の調節　　ミトコンドリアそのものの生合成（mitochondria biogenesis）のマスターレギュレーターは転写活性化補助因子である peroxisomal proliferator-activated receptor gamma coactivator-1alpha（PGC-1α）であると考えられている．PGC-1αは核内受容体の一種ペルオキシソーム増殖因子活性化受容体（peroxisomal proliferator-activated receptor, PPAR）-γ に会合して転写の活性化を行う因子の一つである．このほかに核内ホルモン受容体（レチノイン酸受容体，甲状腺ホルモン受容体など）とも会合して転写の調節に関与する．ミトコンドリアの酵素をコードしている多くの遺伝子（細胞核にコードされている），あるいはミトコンドリア DNA にコードされている遺伝子群は PGC-1α とこれに相互作用する転写因子に直接転写制御されている（ミトコンドリアは自前の遺伝子をもつがすべてではなく，ミトコンドリアを構成するタンパク質の多くは細胞核でコードされている）．このように PGC-1α はミトコンドリアという細胞内小器官の形成に関係する多種の遺伝子群の発現のスイッチをオンにする重要な働きをもつ．さらに PGC-1α の発現は持久的な運動によって増大することが明らかにされている．PGC-1α は myocyte enhancer factor 2c（MEF2c）と相互作用することも報告されていることから，持久的なトレーニングにおける骨格筋の適応で重要な役割を担っていると考えられる．

3）　脱トレーニングなどの影響　　重力に抗する必要がない状態（無重力状態や宙吊り状態の四肢，ベッドで寝たままの状態など）ではタイプ I の発現が減少

し,速筋タイプの MHC 発現が増大する.ただし筋タンパク質合成そのものが減少するため,筋重量は減少する.この過程に前述したマイオスタティンや本項ではふれなかったが forkhead タイプの転写因子,FOXO1 が関与していると考えられる[6].実験的に運動神経を切除し,骨格筋収縮をできないようにした場合も基本的には重力がない状態と同じ変化が起きる.

4) 運動刺激の変換機構 運動状態に応じてさまざまな適応が起きるうえで,運動の刺激(あるいは重力に抗する動作)を化学的シグナルに変換するメカニズムが存在するはずである.このような機構の一部として,細胞に及ぼす変形やストレスを化学的シグナルに変換する機構としてインテグリンにリンクしたキナーゼ類,骨格筋が収縮する際に放出されるカルシウム濃度の変動により活性化されるカルシニューリンの作用が注目されている.骨格筋肥大と持久運動への適応は異なる応答なので同じカルシニューリンが関係するためにはこれに加えておのおのの適応に特異的な別の因子が必要になるだろう.カルシウムはさまざまなシグナル伝達機構におけるメッセンジャーであることに加えて,骨格筋ではその収縮を引き起こす因子でもあるため,骨格筋で起こるさまざまな適応に深く関与していることが予測される.筋収縮という共通のイベントに対して適応の方向を分ける因子を同定することは非常に重要であろう.

4.3 食品成分と筋肉増強

運動時には多くのエネルギーを消費する.このとき十分な貯蔵エネルギーが利用できなければ糖新生などの材料として体タンパクが分解される.運動後の消耗からの回復,あるいは骨格筋の増大時にタンパク質の合成が亢進するが,そのときには基質として多くのアミノ酸を必要とする.このとき材料としてのタンパク質,あるいはアミノ酸,エネルギー源としての糖質が不足していては十分なタンパク質合成ができない.運動による骨格筋増大は,その筋肉が絶対必要だと認識されて初めて開始される.そこでこれを達成するためにはあまり利用されていない別の組織(トレーニングに参加していない骨格筋や肝臓)を分解してまでも必要なアミノ酸を確保するような応答が起こる.運動選手にとって骨格筋はパフォーマンスを決定する重要な組織であるが,このようにいったんつくり上げた筋肉を分解・再構成するのは非常に効率が悪く,トレーニング本来の目的が達成でき

ない．このため十分な栄養を補給することが非常に重要となる．また筋タンパク質の分解を抑制する働きが報告されている**分枝鎖アミノ酸**をトレーニング前に摂取し，強いトレーニングによる骨格筋の分解を防ぐなど，栄養素の摂取のタイミングも考慮しなければならない．このとき摂取する栄養素についても，糖質のみならず糖質とアミノ酸の組合せ，あるいは糖質とタンパク質（の部分分解物）の組合せなど，さまざまな処方も開発されている．いずれにしても効果的な筋肉増強を得るためには，トレーニング時に十分なエネルギーと材料としてのタンパク質を適切なタイミングで摂取することが必要である．インスリンや成長因子，栄養状態の指標であるグルコースやアミノ酸濃度の情報を統合し，細胞内に伝える因子として mammalian Target of Rapamycin（mTOR）が注目されているが，このタンパク質の活性と運動との関連についてもさらに検討する必要があるだろう．

　脂溶性ビタミンは核内受容体を介して直接遺伝子発現に影響を与える．このようなビタミンは食品として摂取され，生体に直接影響を及ぼす例として非常に重要なものである．PGC-1α はこれら核内受容体の補助因子であることから，脂溶性ビタミンなどのレベルもミトコンドリア遺伝子発現に影響しうる．たとえば，同じ核内受容体の一種である**ペルオキシソーム増殖因子活性化受容体**（peroxisome proliferator-activated receptor, PPAR）-**α** は絶食時にその発現が増大する．また同様に血中では脂肪酸濃度が増大する．脂肪酸はこの受容体に対する内因性のリガンドと考えられており，このシグナルはミトコンドリアでの β 酸化酵素の増加を誘導する．同じメカニズムは高脂肪食摂取時にも筋ミトコンドリアの増大を促進しうる．このほか，タンパク質栄養状態で IGF-I の量が変動したり，エネルギー充足状態によって甲状腺ホルモンレベルが変動することなどは骨格筋の状態に影響を与える．

　食物の影響はあまり強力ではなく，トレーニング時にも即時の効果を認識できないため軽視されがちである．しかしながら非常に多くのタンパク質の発現に影響を与える核内受容体に対して直接影響する例や，その他の内分泌因子にも影響を与えることから，エネルギー源や身体づくりの材料としてとらえるのに加えて，一種の信号としても働きうると認識し，トレーニング時の処方を検討する必要があるだろう．

引用文献

1) Tapscott SJ (2005) The circuitry of a master switch: Myod and the regulation of skeletal muscle gene transcription. *Development*, **132**, 2685-2695
2) Baldwin KM and Haddad F (2001) Effects of different activity and inactivity paradigms on myosin heavy chain gene expression in striated muscle. *J Appl Physiol*, **90**, 345-357
3) Buller AJ, Eccles JC and Eccles RM (1960) *J Physiol*, **150**, 417-439
4) Inoue K, Yamasaki S, Fushiki T, Okada Y and Sugimoto E (1994) Androgen receptor antagonist suppresses exercise-induced hypertrophy of skeletal muscle. *Eur J Appl Physiol*, **69**, 88-91
5) Inoue K, Yamasaki S, Fushiki T, Kano T, Moritani T, Itoh K and Sugimoto E (1993) Rapid increase in the number of androgen receptors following electrical stimulation of the rat muscle. *Eur J Appl Physiol*, **66**, 134-140
6) Kamei Y, Miura S, Suzuki M, Kai Y, Mizukami J, Taniguchi T, Mochida K, Hata T, Matsuda J, Aburatani H, Nishino I and Ezaki O (2004) Skeletal muscle FOXO1 (FKHR) transgenic mice have less skeletal muscle mass, down-regulated Type I (slow twitch/red muscle) fiber genes, and impaired glycemic control. *J Biol Chem*, **279**, 41114-41123

参考文献

鈴木正成 (1986) スポーツの栄養・食事学, 同文書院
Cameron-Smith D (2002) Exercise and skeletal muscle gene expression. *Clin Exp Pharmacol Physiol*, **29**, 209-213
Michel RN, Dunn SE and Chin ER (2004) Calcineurin and skeletal muscle growth. *Proc Nutr Soc*, **63**, 341-349
Puigserver P and Spiegelman BM (2003) Peroxisome proliferator-activated receptor-gamma coactivator 1 alpha (PGC-1 alpha): transcriptional coactivator and metabolic regulator. *Endocr Rev*, **24**, 78-90
Tobin JF and Celeste AJ (2005) Myostatin, a negative regulator of muscle mass: implications for muscle degenerative diseases. *Curr Opin Pharmacol*, **5**, 328-332

5. エネルギー代謝と食品

5.1 運動中のエネルギー源になる栄養素

　運動のエネルギー源となる栄養素は，糖質，脂質，タンパク質である．強い強度の運動の場合は主に糖質，長時間にわたる弱い強度の運動の場合は，糖質に加えて脂質とタンパク質（アミノ酸）も使われる．これらの栄養素が骨格筋内で代謝されて**アデノシン三リン酸**（ATP）が生じ，筋収縮の直接的なエネルギー源になる．

a. 糖　　質

　糖質は運動選手のエネルギー源として最も主要なものであり，長時間にわたる有酸素運動でも，無酸素運動でもエネルギー源になる．生体内で糖質は骨格筋と肝臓でグリコーゲンとして蓄えられており，その量は普通の食事をしている場合，肝臓で 250〜330 kcal 程度，全身の骨格筋で 750〜1000 kcal 程度である．これは乳酸閾値（後述）の運動を 90〜120 分間行う程度のエネルギーに相当する．高炭水化物食を摂取するとグリコーゲンの貯蔵量は増加し，低炭水化物食を摂取すると低下する（5.7 節参照）．糖質の運動中のエネルギー源としての特徴は，解糖系で分解されて無酸素的にも ATP を産生できること，中枢神経系のエネルギー源であること，脂質をエネルギー源として酸化する際に TCA 回路のオキザロ酢酸の供給源として必要である三点である．逆に糖質のあまり好ましくない特徴としては，無酸素的に代謝されると乳酸を産生して骨格筋の収縮を阻害すること，グリコーゲンはすぐれたエネルギー源であるが 50 kcal あたり 15 g と脂質（5.6 g）に比べて重いこと，運動中に摂取する量とタイミングによってはインスリンを分泌して脂質の酸化を阻害することなどがある．

b. 脂　　質

　脂質は長時間にわたる有酸素運動の主要なエネルギー源である．生体内で脂質

は血液中，骨格筋，脂肪組織に中性脂肪として存在する．脂質の運動中のエネルギー源としての特徴は，β酸化，TCA回路で有酸素的に代謝されて多量のATPを産生すること，多量のエネルギーを軽量に貯蔵できることである．逆に脂質のあまり好ましくない特徴としては，酸素と糖質が供給されないとATPを産生することができないこと，中枢神経のエネルギー源にはならないことなど，糖質とは逆の特徴を有する．

c. タンパク質

タンパク質は，生体を構成する主要な成分であり，運動中のエネルギー源としての関与については不明な点が多いが，長時間にわたる有酸素運動では分解が高まる．タンパク質が分解されて生じたアミノ酸のうち，糖原性アミノ酸は糖新生によってグルコースの産生基質となり中枢神経系のエネルギー源として寄与することができる．また分岐鎖アミノ酸は骨格筋で分解され，かなりのエネルギーを産生する（第1章参照）．

5.2 栄養素が利用される割合は運動中に変化する

糖質，タンパク質，脂質が運動中に使われる割合は，運動の強度と持続時間によって定まる．安静時では，エネルギー消費量の大部分は，脂肪酸由来の有酸素的なエネルギー代謝系に依存している．運動を開始すると活動筋でのエネルギー

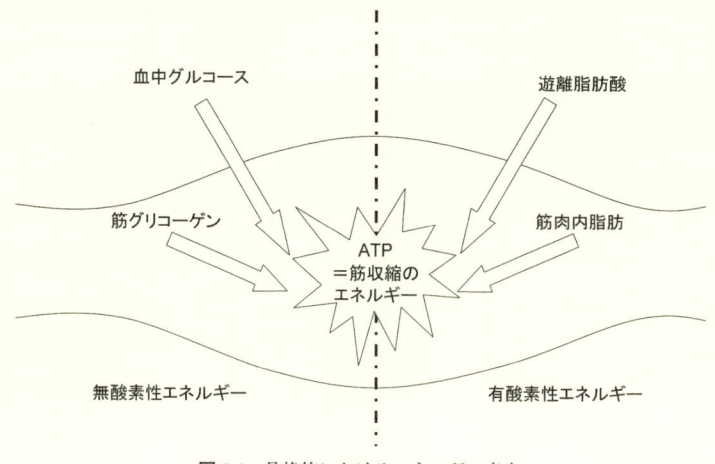

図5.1 骨格筋におけるエネルギー産生

産生量の増加に対応するために酸素要求量が増加する．心臓では，運動開始時はわずかに1回拍出量が，その後は心拍数が増加して，血流量を増加させて酸素要求量の増加に対応する．すなわち運動強度が増加すると，**酸素摂取量**（V_{O_2}）と**心拍数**（HR）は直線的に増加する．

a. 糖　　質

糖質が利用される割合は，血液中のアドレナリン，ノルアドレナリンなどのカテコールアミン濃度に強く支配されている．アドレナリンは副腎髄質から，ノルアドレナリンは，筋，心臓，肝臓などを支配する交感神経の終末から分泌される．血中ノルアドレナリン濃度は，比較的低い運動強度から強度の増加に伴い増加するが，アドレナリンは運動強度が増加して有酸素運動から無酸素運動に切り替わったあたり（75% V_{O_2max}）から急激に上昇する．カテコールアミン濃度の上昇に伴って，骨格筋のグリコーゲンの分解量が増加する．また最近になって，活動筋のATP濃度が運動によって低下すると骨格筋へのグルコース取り込み機構が活性化されることも明らかになってきた（第2章参照）．

b. 脂　　質

運動中に脂質が利用される割合にも，血中カテコールアミン濃度の上昇が関与している．中性脂肪を分解して遊離脂肪酸を動員する段階は，脂肪組織に存在するホルモン感受性リパーゼによって制御されており，ホルモン感受性リパーゼの活性は，カテコールアミンやグルカゴンなどによって上昇し，インスリンによって低下する．一定強度で運動を続けていると時間の経過につれて脂質が利用される割合が増加するのは，運動中に次第に血中カテコールアミン濃度が上昇するためと考えられる．また運動中に大量の糖質を摂取した際に，脂質の酸化が阻害されることがあるのは，分泌されたインスリンがホルモン感受性リパーゼの活性を低下させるためと考えられる．

c. ATP-クレアチンリン酸系

非常に強い運動では，グリコーゲンや中性脂肪よりも骨格筋に蓄えられたATPとクレアチンリン酸が主要なエネルギー源になる．ATPは，骨格筋を構成するミオシン分子とアクチン分子が収縮する際の直接的なエネルギー源であり，筋収縮によって失われる一方，糖質や脂質の代謝によって再合成されて，骨格筋に供給されている．非常に強い運動の場合には糖質や脂質を代謝してATPを産

生する酵素反応よりも，骨格筋でATPが消費される速度の方が速い．そのため骨格筋に蓄えられているごく微量のATPは，2～3秒で枯渇する．ATPの消費が起こると，筋肉内にATPの約4倍の濃度（30 μmol/g）で蓄えられているクレアチンリン酸から，速やかにATPが再合成される．これは非常に速い反応であるので，十数秒の強い強度の運動に必要なエネルギーは，ATP-クレアチンリン酸系によってまかなうことができる．経口的にクレアチンを摂取すると骨格筋内のクレアチン濃度が上昇するが，これが瞬発力の増強，骨格筋量の増大に有効であるとする報告がある．

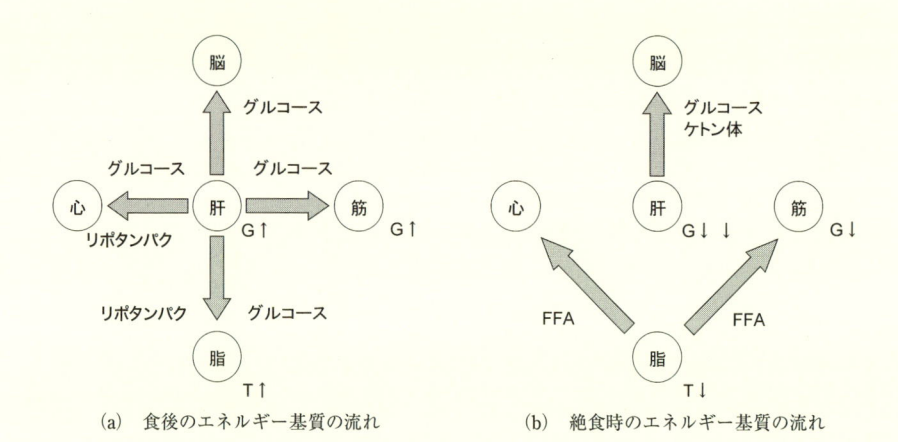

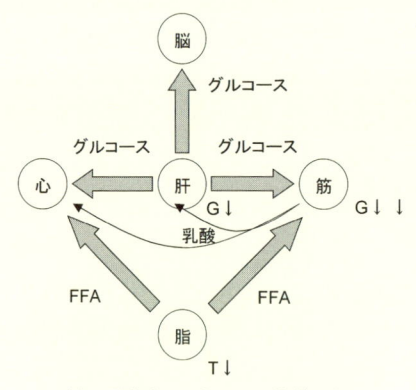

(a) 食後のエネルギー基質の流れ

(b) 絶食時のエネルギー基質の流れ

(c) 運動時のエネルギー基質の流れ

図5.2 食後，絶食時，運動時のエネルギー基質の流れ
T：中性脂肪，G：グリコーゲン，FFA：遊離脂肪酸

d. 呼吸交換比

運動中に糖質，脂質が利用される割合は，呼気ガス中の酸素，二酸化炭素濃度を測定することによって経時的に推定することができる．**呼吸交換比**（RまたはRER）は，二酸化炭素排出量と酸素摂取量の体積比であり，安静時においてこの比は**呼吸商**（RQ）と呼ばれる．呼吸商は炭水化物が酸化されたときは1.0，脂質が酸化されたときは0.7とされているが，運動強度が徐々に増加していく場合には，ある強度以上で血液中の乳酸濃度が上昇を始めると血液が酸性化する．これを緩衝するために血中にもともと存在していた重炭酸から呼気中に二酸化炭素が排出されて血液の酸性化を緩衝する作用がある．代謝性の二酸化炭素に加えて乳酸緩衝の結果として二酸化炭素排泄が促進するので呼吸交換比は上昇して1.0を超えることもある．さらに激しい呼吸を抑制するような運動を行った場合には，運動終了直後に過剰に溶解していた二酸化炭素が排出されるのでさらに呼吸交換比が高くなり2.0に達することもある．

$$HLa + NaHCO_3 \longrightarrow NaLa + H_2CO_3 \longrightarrow H_2O + CO_2 \uparrow$$

5.3 運動能力を低下させる要因

長時間の運動においては，活動筋への適切なエネルギーの供給の成否がパフォーマンスの発揮に大きく関与する．以下に，エネルギーの供給に関連して運動能力を低下させる要因について述べる．

a. 乳　　酸

乳酸は，中～高強度の運動において運動能力を低下させ，運動の継続を阻害する要因の一つである．運動強度が上昇すると血中カテコールアミン濃度が上昇して，グリコーゲンの分解が促進される．グルコースの解糖によって生成したピルビン酸がミトコンドリア内のTCA回路に入って酸化される量には限りがあるので，過剰のピルビン酸は細胞質で乳酸となる．その結果，筋肉内に乳酸が蓄積する．乳酸が0.3％蓄積すると骨格筋は収縮が困難になり，その際の血中乳酸濃度は約20 mMである．蓄積した乳酸は運動終了後に肝臓でグルコースへの再合成（糖新生）や，心筋や遅筋内で酸化されるなどの処理を受ける．

b. グリコーゲン

乳酸の蓄積がそれほど多くない弱～中程度の運動においては，生体内に蓄えら

れている糖質（グリコーゲン）の枯渇や運動中の体温上昇が運動の継続を阻害する要因となる．糖質の貯蔵量は脂質の貯蔵量と比べて圧倒的に少ないので，多くの場合は糖質の枯渇が最初に起こる．糖質は中枢神経系にとって唯一の主要なエネルギー源であるので，糖質が枯渇すると意識が朦朧とする，体に力が入らなくなるなどの症状を起こし，持久系の競技に限らず，球技やコンタクト系のスポーツにおいても，運動能力，判断力の低下を招く要因となる．

 c. 脱　　水

運動による発汗，脱水によって，体温が過度に上昇すると運動能力が低下する．脱水による循環血液量の低下や，熱放散のために皮膚血管の拡張がおき，循環虚脱をきたす．発汗に伴う電解質の損失によって変調をきたすこともある．体温の上昇による脱水の結果，循環血液量が減少すると，心拍数は上昇する．体重の2%の水分が失われると，パフォーマンスが10〜15%低下し，5%の脱水では30%低下する．運動中に減少した体重は，ほぼすべて血液中の水分が失われたと考えてよい．

5.4　運動強度の指標

運動強度に応じて，利用される栄養素の割合や，トレーニングの効果が異なる．選手としてトレーニングを行なうものはもちろん，運動に関する研究を行うものは，運動強度について定量的に理解する必要がある．特に動物実験で得られた結果をヒトに外挿する際には，運動強度を明示することを忘れてはならない．

 a. 機械的強度

運動強度を表す際には，機械的強度，生理的強度，主観的強度という3種類の尺度がある．機械的強度とは，トレッドミルや自転車エルゴメーターなどの運動負荷装置の設定のことであり，ベルトの回転数や斜度，ペダルにかかる負荷や回転数などのパラメーターによって決定される．

 b. 生理的強度

生理的強度とは，酸素摂取量を用いる場合や心拍数を用いる場合がある．酸素摂取量を用いる場合は，最大酸素摂取量の何%に相当するか（% V_{O_2max}）がよく用いられるが，臨床医学分野ではMetsやRMRといった指標が用いられることもある．% V_{O_2max}は生理的強度の指標として，最も有効なものであるが，酸素摂

取量の測定にはガス分析装置が必要なので，フィールドでの測定や一般のヒトが気軽に運動強度を測定する目的には適していない．心拍数を用いる場合は，**最大心拍数**（HR$_{max}$）に対する**心拍数の割合**（% HR$_{max}$）や以下の Karvonen の式が用いられる．

目標心拍数＝{(220－年齢)－安静時心拍数}×%運動強度＋安静時心拍数

c. 主観的強度

主観的な運動強度は，**RPE**（rate of perceived exertion）がよく用いられる．これは安静時を6，最大疲労困憊時を20とした15点のスケールからなる自覚的強度を表したもので，定常運動においては% $V_{O_2 max}$ や Karvonen の式から算出した運動強度とよく対応する．

5.5 運動能力の指標

運動能力を数値化しようという試みは古くからなされてきた．筋力は比較的簡単に数値化できるが，有酸素運動能力は筋力だけでなく，呼吸循環機能，内分泌能などの多くの要素を反映するので，総合的な有酸素運動能力を単一の尺度で数値化することは困難である．これらのうちで，競技成績と高い相関性を示す指標をいくつか紹介する．

a. 無酸素性作業閾値

有酸素運動能力を測定する際には，トレッドミルや自転車エルゴメーターなどで運動強度を段階的に増加させながら呼気ガスまたは血中乳酸濃度を経時的に測定する方法がよく行われる．図5.3に示すように，運動強度が増加すると酸素摂取量と心拍数は直線的に上昇する．一方，乳酸濃度や換気量，呼吸交換比などは，弱い強度の範囲では運動強度が増加してもほぼ一定の値で推移する．さらに強度を上げると，ある強度以上では乳酸濃度や換気量，呼吸交換比が急激に上昇を始める．この強度を**無酸素性作業閾値**（AT）といい，有酸素運動が行える最大の運動強度であり，「65% $V_{O_2 max}$ が AT であった」などと表現する．この強度が高いほど全身持久力が高い．血中乳酸濃度から求めた AT は**乳酸性作業閾値**（LT），呼気ガスから得られた AT は**換気性作業閾値**（VT）と呼ばれることもある．AT における % $V_{O_2 max}$ は一般人で 40～60%，スポーツ選手で 60～75% である．AT が活動筋など末梢の有酸素的代謝能力を反映するとされており，15分以

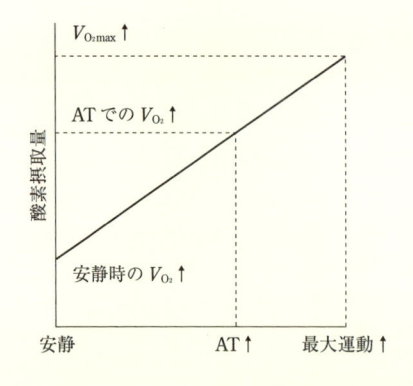

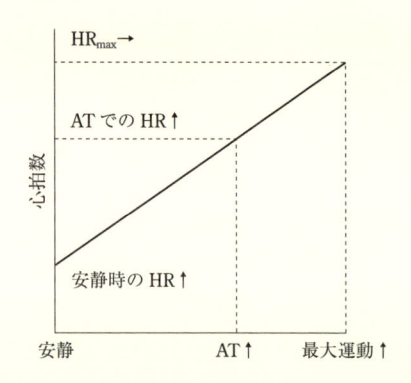

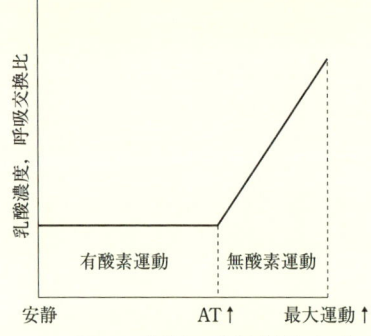

図 5.3 運動中の酸素摂取量（V_{O_2}），心拍数（HR），乳酸濃度，呼吸商の変化
トレーニングによる変化を矢印で示した．

上持続する運動では競技成績をよく反映する指標である．

b．OBLA

最近では，血中乳酸濃度が上昇する点を厳密に測定するのは，現実には困難であるために，LTの代わりに **OBLA**（onset of blood lactate accumulation）という指標が用いられることもある．OBLAは血中乳酸濃度が4mMを越える運動強度であり，LTよりもやや高い強度に相当する．OBLAも簡便かつ現実に競技成績をよく反映する方法である．

c．最大酸素摂取量

ATを超えてさらに運動強度を上げると，心拍数や酸素摂取量，乳酸濃度や換気量，呼吸交換比は上昇を続けるが，最大強度，もしくはそれに近い強度で運動に至ると増加しなくなる．これらの項目のうち，酸素摂取量の最大値（最大酸素

表 5.1 運動の強度と心拍数，酸素摂取量の対応関係 [1]

%心拍数	心拍数（bpm）	運動のタイプ	糖と脂質の燃焼の割合	%V_{O_2max}
<65%	<120	有酸素	30：70	20〜35
65〜85%	120〜153	有酸素	50：50	35〜50
85〜88%	153〜163	ほぼ有酸素	60：40	50〜65
88〜95%	163〜176	中間	70：30	65〜80
95〜100%	176〜185	ほぼ無酸素	80：20	80〜85
>100%	>185	無酸素	>90：<10	85〜100

教科書等では運動強度が%V_{O_2max} で示されることが多いが，現場のアスリートにとっては%HR_{max} の方が現実的な指標である．

摂取量，V_{O_2max}）は，有酸素運動能力をよく反映する指標である．体重 1kg 当たりに換算した値がよく用いられており，一般人では 40〜50 ml/kg/min のところがよく鍛錬した一流選手では 70〜80 ml/kg/min に及ぶ．最大酸素摂取量はトレーニングによって向上するが，ある程度トレーニングを積むとトレーニング効果が得にくい．最大酸素摂取量は，5〜15 分程度で疲労困憊に至るような運動の指標とするのがよいが，鍛錬された比較的均一な集団の中では，競技成績とはあまり相関性を示さないともいわれている．

5.6　有酸素運動能力を高める栄養摂取の方法

さまざまな栄養素のうち，特に糖質と水分の摂取方法は有酸素運動能力を発揮するうえで重要である．糖質の摂取方法は，運動前，運動中，運動終了後によって異なる．タンパク質の摂取もまた，トレーニングや試合からの回復過程において重要である．タンパク質の摂取については第 1 章を参照されたい．以下では，運動前，中，後に分けて，栄養摂取の方法について述べる．これらの方法は，あくまでも原則であって実際には選手個人によって異なる面がある．ここで示した方法をもとに練習のときにいろいろと試してみて，自分に合ったやり方を見つけてほしい．

5.7　運動前の食事

競技数日前からはできるだけ多くの糖質をとることが望ましい．骨格筋と肝臓のグリコーゲン貯蔵量を増加させるためである（**グリコーゲンローディング**）．

運動前のグリコーゲン貯蔵量は，運動持続時間を決定する要因の一つであり，骨格筋のグリコーゲンが枯渇した状態では運動持続時間が短くなる．いろいろなグリコーゲンローディングの方法が研究されてきたが，最近では試合の2, 3日前から，糖質の摂取量を多くして，トレーニング量を少なくする方法がとられる．ご飯やパン，麺類に加えて，フルーツ類など水分を多く含むものを摂取するとよい．トレーニング量を少なくする際には，強度は落とさずに時間を短くする（テーパリング）．また別の方法として，試合の前日に2, 3分間の超強度の運動を行い，その後安静にして体重の1%に相当する炭水化物（体重60 kgの人でご飯8膳!）を摂取すれば，数日かけてグリコーゲン含量を増やすのと同じ効果が得られる．

試合当日の食事は，試合開始3時間前までに十分な量をとることが望ましい．消化吸収中に激しい運動を行うと腹痛を起こす可能性があるだけでなく，食後の血糖値上昇に伴って分泌されたインスリンが，脂質の利用を阻害しグリコーゲンの消耗を早めるためである．ご飯やうどんのように，デンプン主体の食事をとり，消化が早く食べ慣れたものをとるようにする．若干のタンパク質（カロリー比で10%程度）が含まれていてもよい．体内には脂質が十分に貯蔵されているので脂質を特に摂取する必要はない．特に，試合が早朝に行われるときなど，食事から運動開始までに時間がないときは，タンパク質や脂肪を含む食事を摂取すると胃内滞留時間が長くなる，すなわち消化吸収に時間がかかるので糖質を主体にするべきである．試合開始までの時間が3時間に満たない場合は，食事は軽めにとった方が良い．

食事から試合開始直前までの1時間は，水分を十分に摂取しておいた方が良い．ゼリーやバナナ，スポーツドリンクなど吸収の早いものによって，のどの渇きと空腹感をとるのが良い．これらの食品は糖質主体であるので，速やかに吸収されてエネルギー源となる．また，早朝トレーニングを行っている人の場合，起床からトレーニング開始までに15分程度しか時間をとれないことが多い．その場合でも，何も食べずに運動するのは避けるべきである．起床後は，肝臓グリコーゲンが枯渇して血糖値が低下している．この状態で運動を行うと，体タンパク質が分解されて糖新生の材料となる．十分な水分とゼリーやスポーツドリンクなどからアミノ酸や糖質を摂取するべきである．なお人によっては直前に固形物を

表 5.2 運動前の炭水化物摂取量 [1]

体重 (kg)	3〜4 時間前 (3.3〜4.4 g/kg)	2〜3 時間前 (2.2〜3.3 g/kg)	1〜2 時間前 (1.1〜2.2 g/kg)	0〜60 分前 (0.55〜1.1 g/kg)
45	150〜200	100〜200	50〜100	23〜50
50	165〜220	110〜220	55〜110	25〜55
55	180〜240	120〜240	60〜120	28〜60
60	200〜265	130〜265	65〜130	30〜65
65	215〜285	145〜285	70〜145	33〜70
70	230〜310	155〜310	75〜155	35〜80
75	250〜330	165〜330	85〜165	38〜85
80	265〜350	175〜350	90〜175	40〜90

食べても平気な人もいる．試合開始時間が朝早い場合は，直前に食事をとらなければならないときもある．慣れれば軽くものを食べた直後でも運動できるようになるので，練習の直前にいろいろな食品を食べてみて，どれくらいの量なら食べられるのか試みておくべきである（表 5.2）．

5.8 運動中の栄養補給

試合中の栄養補給に求められる要素は，糖質を補給し，かつ血糖値の急激な上昇を防ぐこと，水分（2 時間以上の運動の場合には電解質も）を補給することである．1 時間以内の運動の場合は，運動中の糖質の補給は，あまり重要ではなく，運動前に摂取した食事から供給されるエネルギーで十分である．それ以上の運動の場合でも，糖質を主体に摂取し，高タンパクや高脂肪である必要はない．したがって試合中の栄養補給は，多くの場合，おにぎりやチョコレート，バナナなどの炭水化物を主体とする食品，糖質を含むスポーツドリンク，水を組み合わせて摂取することになる．

最も簡単な方法は，糖溶液を少量ずつこまめに摂取することである．天候や運動強度にもよるが 15 分ごとに 100 ml ずつ摂取するのが目安である．より正確に摂取すべき水分量を知りたければ，トレーニングの前後に体重を測定しておけばよい．次回よく似たトレーニングをする際には，体重が減少した量に匹敵する（体重の 80〜100%）水分を余分に摂取した方がよい．どれだけ長い間運動を行っても，体重の減少率は 2% 以内に収まるように水分を摂取するべきである．水分摂取する際に，真水を飲むのはあまり薦められない．水には，味が良いという

長所があるが，スポーツドリンクと比べて胃での滞留時間が長いために，水分の吸収速度が遅い，膨満感を刺激するという欠点がある．生理的に水分が必要なときでも，飲みたくなくなってしまい，結果的に脱水を起こすリスクがある．また，長時間にわたる運動の結果，汗から多量のミネラルが失われた際に真水を摂取すると血中の浸透圧が低下してけいれんを起こす例が報告されている．

試合中に糖質を摂取する際には，おにぎりやパンなどの固形物よりも，グルコースやマルトース，フルクトース，デキストリンなどの溶液を摂取した方が内臓に負担をかけない点，固形物よりも消化吸収が早い点，糖質と同時に水分を摂取できるという点ですぐれている．特にフルクトースは血糖値を上昇させないが解糖系で代謝されてエネルギーを産生するという点ですぐれた糖であり，多くのスポーツドリンクに含まれている．しかしフルクトースのみを多量に摂取すると下痢を引き起こす人もいることや，砂糖以上に甘みが強いことは欠点である．市販されているスポーツドリンクの糖濃度は6％前後であり，水分を摂取するために飲むには甘すぎる．そのため2から3分の1に薄めて飲む選手も多い．

薄めたスポーツドリンク（約8〜12 kcal/100 ml）は，水分の供給源としては適当であるが，糖質の供給源としてはカロリーが不足している．トライアスロンや登山，自転車ロードレースなど長時間にわたる激しいスポーツでは糖質の消費量が多いためにスポーツドリンクだけで糖質を補給すると水分摂取過剰になる．運動中に必要な糖質の目安は，1時間につき30〜60 gとされている．運動強度が高いほど，多くの糖質が必要になる．高強度での有酸素運動では1分間当たり12 kcalのエネルギーを消費する（ツール・ド・フランスに出場するようなプロの自転車選手では20 kcal/minを消費するような激しい運動を持続することができる）ので，チョコレート菓子やパワーバーなどの糖質を多量に摂取する．運動前に一度に多量の糖質を摂取するとインスリンが分泌されて脂質の酸化が阻害されるが，運動を開始してから1時間ほど経過した後では，糖質を摂取しても急激にパフォーマンスが落ちることはない．ただし固形物を摂取すると咀嚼や消化に負担がかかるので，試合のハーフタイムやレースのペースが落ちたときなど，運動強度が高くないときに摂取するのがよい．

運動中に固形物を摂取したくない場合でも，高濃度（6％以上）の単糖類溶液を摂取するのは望ましくない．高濃度の単糖溶液は高浸透圧になるために水分の

表 5.3 運動中の水分補給の目安

運動時間	運動強度	補給のタイミング	補給量	補給内容
60 分以内	高い	運動の 1 時間前に	0.5〜1 l	水，電解質を含むスポーツドリンク（糖質補給の必要性は低い）
1〜3 時間	中程度	1 時間ごとに	0.7〜1.5 l	摂取量の 50〜60％は糖質を含むスポーツドリンク
3 時間以上	中程度から弱	1 時間ごとに	0.5〜1.2 l	摂取量の 50〜60％は糖質を含むスポーツドリンク

吸収が阻害され脱水症状を引き起こしやすい欠点がある．このような場合には，CCD（Cyclic Cluster Dextrin，グリコ㈱）などの高分子デキストリンの溶液や，エネルギージェル（カーボショッツ），ウイダー in ゼリー（森永製菓㈱）などの製品が浸透圧も低く，手軽に摂取できるという点で有用である．水羊羹や餡子入りのわらびもちなどの和風菓子もカロリーが高く，のどごしも良いので摂取しやすい．

5.9　運動後の栄養補給

　運動後はできるだけ速やかに骨格筋と肝臓のグリコーゲンを回復することが，引き続いて試合がある場合や翌日に疲労感を残さないためにも重要である．吸収性の高い糖質を運動終了後できるだけすぐ（30 分以内）に摂取し始め，運動後 6 時間ほどの間は，2 時間おきに高炭水化物食を摂取するとよい．またクエン酸はグルコースの分解を阻害するので，糖質を摂取する際に，クエン酸を含むレモンやオレンジなどを摂取することによってグリコーゲンの回復が早められる．

　タンパク質を糖質と同時に摂取することによって，運動後のグリコーゲン回復が促進される．多量の糖質を摂取した場合と同等の効果が得られる．ただし，運動後の炭水化物の摂取量が十分に多い際には，タンパク質によるグリコーゲン回復促進作用は認められない．多くの選手は，運動後にすぐに食事をすることができないことを考えると，運動後できるだけすぐに炭水化物とタンパク質を含む溶液を摂取することが現実的な方法といえる．砂糖とスキムミルクを携帯して，運動後すぐに水に溶かして飲む方法が，携帯性，経済性の面からもすぐれている．

　運動後には，骨格筋内に貯蔵されている中性脂肪（筋肉内脂肪）の量も減少する．筋肉内脂肪の運動中のエネルギー源としての寄与の割合については，まだま

だ不明な点が多いが，グリコーゲンと同等量のエネルギーを供給している可能性があり，運動中の重要なエネルギー源のひとつである．筋肉内脂肪の量は，長時間の運動の後に減少していることや，平常時の貯蔵量が日頃運動している人の方が高いことなど，グリコーゲンとよく似た面がある．グリコーゲンと逆に，運動中の筋肉内脂肪の利用率は，日頃運動している人の方が高くなる．最近の報告によると，その貯蔵量は，極端な低脂肪食（2%）をとると減少するが，32% の高脂肪食を摂取した場合と，22% の通常食を摂取した場合では変化が見られなかったとされている．運動後に高脂肪食を摂取することによって，筋肉内脂肪組織の回復が促進されるが，炭水化物の摂取量が減少することになるのでグリコーゲンの回復から考えると望ましくない．運動による筋肉内脂肪の減少は元の量の 20% 程度であるので，特に運動後に高脂肪食を摂取する必要はないであろう．運動終了後 6〜8 時間ほどは低脂肪食を摂取するべきであるが，その後はいつものように脂肪を摂取すれば筋肉内脂肪の貯蔵量は回復すると考えられる．

5.10 ダイエットと運動

　健康増進の目的で運動する人の多くは，体重や体型をコントロールするのが目的であろう．運動選手の中にも，余分な脂肪を落としたい人もいる．体重をコントロールする際には，食事療法，すなわち摂取するエネルギーを減らすだけでは多くの場合は失敗に終わる．食事が不十分だと血糖値が低下した際に，使用されていない骨格筋が分解されてアミノ酸が糖新生の材料として用いられるために骨格筋量が減少する．最近，エネルギー欠乏や運動不足によって骨格筋が分解される際には，FOXO1 という遺伝子の発現増加が関与していることがわかってきた．FOXO1 が増加すると赤筋が白筋化する．赤筋は多くのエネルギーを消費する器官であるので，赤筋の量が減少すると体重が減りにくい体質になる．こうした最新の分子生物学的知見からも，カプサイシンなどの特殊な食品や摂食制限によって血液中の遊離脂肪酸を分解するだけではなく，脂質含量の少ない食事をとって，運動を取り入れるという昔からいわれてきた方法が体脂肪を減らすうえで理にかなっていることがわかる．

　ダイエットには時間がかかる．体重が 70 kg 以上ある海外のスポーツ選手でも，シーズンに入ると体をしぼるが，5 kg 落とすのに 2 カ月かける．低炭水化

物ダイエットや低インスリンダイエットなど，炭水化物の摂取を制限する方法は，ダイエット初期に体重の減少が見られる．全身のグリコーゲン含量が低下するとともにグリコーゲンに結合していた水が排出されるためであって，脂肪が減少しているのではない．

5.11 特殊な食品成分と持久運動能力

特殊な食品成分を摂取することによって，持久運動能力が向上することを期待してはいけない．常に重要なのは基本的な栄養素を適切なタイミングで摂取することである．実験的に特殊な食品成分が持久運動能力を向上する例は多数報告されているが，動物実験の報告だけが認められるもの，ヒトでも効果はあるが現実に適応することが困難なものなどが多い．

動物実験例の報告にとどまっている食品成分については，実験を行った運動系においてポジティブコントロールすなわちトレーニング効果が認められたこと，運動強度を明示することが，実験データをヒトに外挿する際の最低条件であろう．たとえば，絶食させたラットはよく走るという古典的な報告がある．このデータをヒトに当てはめて解釈する際には，食事の直後では運動能力が低下すると考えるべきであって絶食すれば競技成績が上がるというわけではない．また成長期の実験動物では，長期間にわたり特定の飼料を摂取させると体重に対して影響を及ぼすことがある．運動系によっては，動物の体重によって運動強度が変わるのでデータの解釈には注意が必要である．

ヒトにおいて効果が認められるものでも，食品成分の場合は薬と異なり，多量に摂取しなければ効果が認められないことが多い．多量に摂取することの問題点は，コスト面，安全面だけにとどまらない．効果が曖昧な成分を多量に摂取することによって，炭水化物やタンパク質，水分といった重要な栄養素を適切なタイミングで摂取することが妨げられるおそれがある．新規な食品成分の投与が水（ブランク）と比較して有効であったとしても，ごく普通の糖質やタンパク質の摂取の方がはるかに有効であれば，現場の選手に受け入れられることはない．

持久運動能力に限らず体力を増強するための最も効果的かつ確実な方法は激しいトレーニングを積むことである．たとえば，週に一度のトレーニングでは最大酸素摂取量は向上しないことがわかっている．週に数度のトレーニングを行う場

合でも，最大酸素摂取量の伸びはトレーニングの量ではなく運動強度に依存している．これらのことから，激しいトレーニングをしないと体力は向上しないことがわかる．トレーニングを積んだトップアスリートでは，10000 m を 30 分ほどで走ることができるが，普段運動をしない人だと 1 時間以上かかることもある．この差の大部分は摂取した食品の差ではなく，過去に行なったトレーニング量の差である．激しいトレーニングを支えるために，トレーニングの成果を試合で発揮するために，適切な食事を適切なタイミングで摂取することが重要である．

（最後に本稿の記述に際しては，Cycleshop Giro の渡会重彦店長に大変お世話になった．この場を借りて厚く御礼申し上げます．）

引用文献

1) Carmichael C and Rutberg J（2004）Eat right to train right, G.P. Putnam's Sons

参考文献

伏木　亨編著（2004）基礎栄養学，光生館
征矢英昭，本山　貢，石井好二郎（2002）これでなっとく使えるスポーツサイエンス，講談社
Ivy J and Portman R（2004）The performance zone, Basic Health Publications Inc.
Ryan M（2002）Sports nutrition for endurance athletes, Velopress
Spriet LL and Gibala MJ（2004）Nutritional strategies to influence adaptations to training, *Journal of Sports Science*, **22**, 127-141

6. 運動とミネラル

　食品を通して種々の栄養素をバランスよく摂取することは，運動能力の維持と発現にとって必須である．本章では，ミネラルと運動との関わりについて述べる．

6.1　筋肉とミネラル
a．筋肉活動とカルシウム
1）筋肉の構造　　筋肉（骨格筋）は筋束という束により構成されている．筋束は，直径20～150 μmの**筋繊維**（muscle fiber）と呼ばれる細長い細胞（筋細胞）が数十から数百本集合したものである．筋繊維内部には，図6.1のような明暗の横縞（横紋）を示す**筋原繊維**（myofibril）という細胞内器官が並んでいる．この横紋は，筋原繊維中で，図6.2のように太いフィラメント（ミオシンフィラメント）と細いフィラメント（アクチンフィラメント）が整然と並ぶために生ずる．
　ミオシンフィラメントは，繊維状タンパク質の**ミオシン**（myosin）が重合したものである．一方，アクチンフィラメントは，球状タンパク質の**G-アクチン**（G-actin）が重合した繊維状タンパク質のF-アクチンと，**トロポニン**（tro-

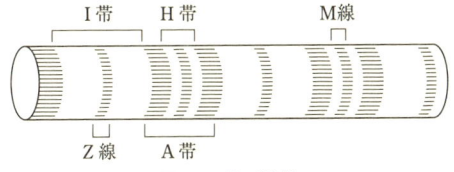

図6.1　筋原繊維
筋原繊維は筋繊維（筋肉細胞）中の小器官である．筋原繊維の間を満たしている細胞質部分は筋形質（sarcoplasm）という．

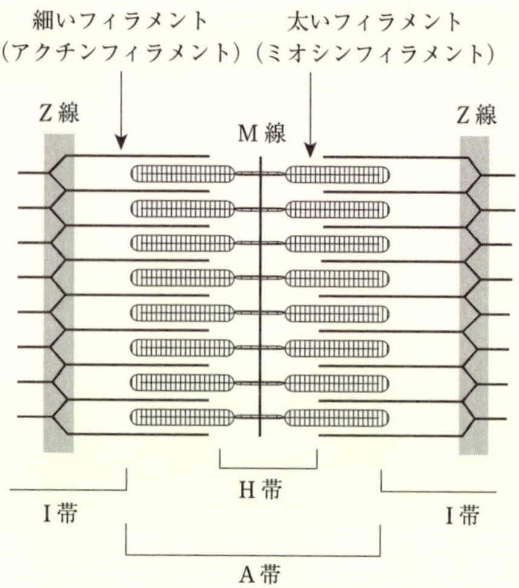

図6.2 筋原繊維におけるフィラメントの配置
Z線からZ線（またはM線からM線）までを筋節（サルコメア；sarcomea）という．筋節は筋肉が弛緩しているとき長く，収縮すると短くなる．

ponin）および**トロポミオシン**（tropomyosin）というタンパク質により構成されている．トロポニンは，C，I，Tと名付けられた3種類の成分からなり，Cにはカルシウムイオンが特異的に結合する部位が存在する．

2）筋収縮の機構　アクチンフィラメントがスライドして，ミオシンフィラメントのすきまに入り込む一連の反応が筋収縮である．この反応はカルシウムイオンによって制御されている．すなわち，トロポニンCにカルシウムイオンが結合すると，アクチンが活性化されてミオシンに結合し，アクチン-ミオシン複合体（クロスブリッジ）が形成される．ついで，ミオシンに結合していたATPが分解され，生じたエネルギーによってクロスブリッジがスライドする．その後，ATPがミオシンに結合するとアクチンはミオシンから離れる．

このような筋収縮反応はカルシウムイオンとATPが存在する限り継続する．ATPがなければ，アクチンとミオシンのクロスブリッジは離れず，筋肉は硬直したままになる．逆にカルシウムイオンがなければ，クロスブリッジは形成されず，筋肉は弛緩したままになる．

3）細胞内カルシウム濃度の制御　血漿など細胞外液中のカルシウムイオン

濃度は 1〜2 mM だが，細胞内部（細胞質）のカルシウム濃度はその 1 万分の 1 の 0.1 μM 以下である．つまり細胞内カルシウムイオンは極端に低濃度なので，微量の流入によって数十倍の濃度変化が容易に生じ，明瞭な信号として機能できる．

このように細胞内カルシウムイオン濃度が低いのは，細胞膜上に**カルシウムポンプ**（calcium pump）といわれるタンパク質が存在し，ATP のエネルギーを用いてカルシウムイオンを細胞外に放出するからである．細胞膜にはカルシウムポンプ以外にも，細胞外ナトリウムイオンと細胞内カルシウムイオンを交換するタンパク質が存在している．

筋細胞内には小胞体という袋構造の小器官が存在する．小胞体膜にはカルシウムポンプが存在し，細胞質中カルシウムイオンを小胞体内に取り込む．このため，小胞体内カルシウムイオン濃度は数 mM にもなる．小胞体は筋収縮時に膜構造を変化させ，カルシウムイオンを放出している．

b. ミオグロビンと微量ミネラル

1) 筋繊維の分類　骨格筋は外観上の色合いをもとに，赤色筋と白色筋に分類される．前者は主に遅筋繊維，後者は速筋繊維によって構成され，表 6.1 のような特性上の違いがある．遅筋繊維は酸化能力が高いため，これの割合が高ければ，持久力のある筋肉となる．長距離の渡りを行うカモ，大洋を回遊するマグロ類の筋肉が赤色筋で占められているのはこれらの理由による．赤色筋の色合いを

表 6.1　赤色筋と白色筋の特性

	赤色筋	白色筋
筋繊維の種類	遅筋繊維	速筋繊維
収縮速度	遅い	速い
クレアチンリン酸	低濃度	高濃度
解糖系酵素	低活性	高活性
酸化酵素	高活性	低活性
毛細血管密度	高い	低い
ミオグロビン	高濃度	低濃度
ミトコンドリア密度	高い	低い
グリコーゲン	高濃度	低濃度
中性脂肪	高濃度	低濃度
疲労耐性	高い	低い

（引用文献 1 を参考に作成）

決定している成分は，タンパク質の一種である**ミオグロビン**（myoglobin）である．

2) ミオグロビンの特徴　ミオグロビンは筋細胞（筋繊維）の細胞質に存在し，**ヘム**（heme）を含む分子量17000〜8000の赤色タンパク質である．図6.3に示すヘムは酸素と強く結合する．ミオグロビンは筋細胞内で酸素分子を運搬・貯蔵しており，遅筋繊維の機能発現に役立っている．ミオグロビンの酸素結合能はヘモグロビンよりも大きく，ヘモグロビンに結合した酸素を受け取ることができる．

3) ヘムの生合成と微量ミネラル　ミオグロビンの機能を担うヘムは鉄を含んでいる．したがって鉄欠乏ではヘム合成量が低下し，**ヘモグロビン**（hemoglobin），ミオグロビン，**チトクローム**（cytochrome）類などのヘムタンパク質が減少する．鉄欠乏の影響は，まず**フェリチン**（ferritin）をはじめとする貯蔵鉄タンパク質に現れ，その後，ヘムタンパク質などの機能性鉄タンパク質に及ぶ．

貯蔵鉄タンパク質のフェリチンに結合した鉄をヘム合成に利用するには，フェリチンから鉄を遊離させる必要がある．フェリチンからの鉄の遊離は，銅含有タンパク質である**セルロプラスミン**（ceruloplasmin）が行う．したがって，銅欠乏では鉄摂取が十分であってもヘム合成が低下する．

ヘムはグリシンを出発物質として体内で合成される．合成系に関わる酵素中，**δ-アミノレブリン酸デヒドラターゼ**（δ-aminolevulinic acid dehydratase）と**フェロキラターゼ**（ferrochelatase）の活性が鉛によって特異的に阻害されるため，

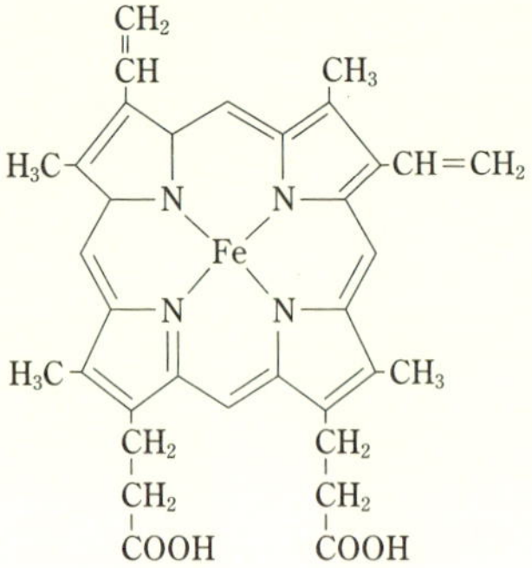

図6.3　ヘムの構造

鉛中毒ではヘム合成が不十分となる．

c. ミネラルの摂取と筋肉活動

　カルシウム，鉄，および銅は，正常な筋肉活動の維持に必須のミネラルといえる．ではこれらのミネラルの欠乏は筋肉活動の異常を引き起こすだろうか．

　筋肉活動維持に必要なカルシウムイオンは血漿から供給される．カルシウム摂取不足の場合，後述のごとく，骨からカルシウムが動員されるため，血漿カルシウムイオン濃度は一定範囲に維持される．ゆえに，カルシウム摂取不足であっても，筋肉活動が損なわれることはない．

　鉄の摂取不足はヘム合成量を低下させるため，ミオグロビンをはじめとするヘムタンパク質の組織中濃度の低下を招く．特にヘモグロビンは組織に酸素を供給する役割があり，筋肉活動に大きな影響を与える．すなわち遅筋繊維のように酸素要求量の高い細胞では，貧血（ヘモグロビン濃度低下）が生じるほどの鉄欠乏下においては酸素供給量が低下するため，活動は鈍るであろう．同様に銅欠乏も貧血を生ずるため，筋肉活動を低下させる可能性がある．しかし，銅欠乏によって運動能力が低下したという報告は，動物実験を含めても見当たらない．

6.2　エネルギー産生とミネラル

a. エネルギー代謝におけるミネラルの役割

1）グリコーゲンの分解　筋肉活動に必要な ATP は，筋肉に貯えられたグリコーゲンの分解により得られる．グリコーゲン分解の初期段階に関わる**グリコーゲンホスホリラーゼ**（glycogen phosphorylase）はリン酸化により活性化されるが，リン酸化を行う**グリコーゲンホスホリラーゼキナーゼ**（glycogen phosphorylase kinase）はカルシウムイオンによって活性化される．筋肉収縮は筋細胞内カルシウムイオン濃度の上昇によって開始されるが，このカルシウムイオンは ATP を産み出すグリコーゲン分解反応も活性化するのである．

　グリコーゲンホスホリラーゼキナーゼは，α，β，γ，δ の四つのサブユニットによって構成されており，この中の α-サブユニットがカルシウムイオン結合部位を有し，**カルモジュリン**（calmodulin）と呼ばれる．

2）クエン酸サイクル（TCA 回路）　**ピルビン酸デヒドロゲナーゼ**（pyruvate dehydrogenase）は，解糖系最終産物のピルビン酸をミトコンドリア内でア

セチル CoA に変換し，クエン酸サイクルに導入する．この酵素タンパク質は結合しているリン酸基が加水分解されると活性化される．この加水分解反応を触媒する**ピルビン酸デヒドロゲナーゼホスファターゼ**（pyruvate dehydrogenase phosphatase）は，カルシウムイオンによって活性化される．

クエン酸回路中で作用する**イソクエン酸デヒドロゲナーゼ**（isocitrate dehydrogenase）と **2-オキソグルタル酸デヒドロゲナーゼ**（2-oxoglutarate dehydrogenase）もカルシウムイオンによって活性化される．このように筋肉収縮のために筋細胞に流入したカルシウムイオンは，ミトコンドリアのマトリックスにも流入し，ATP 産生を促進するのである．

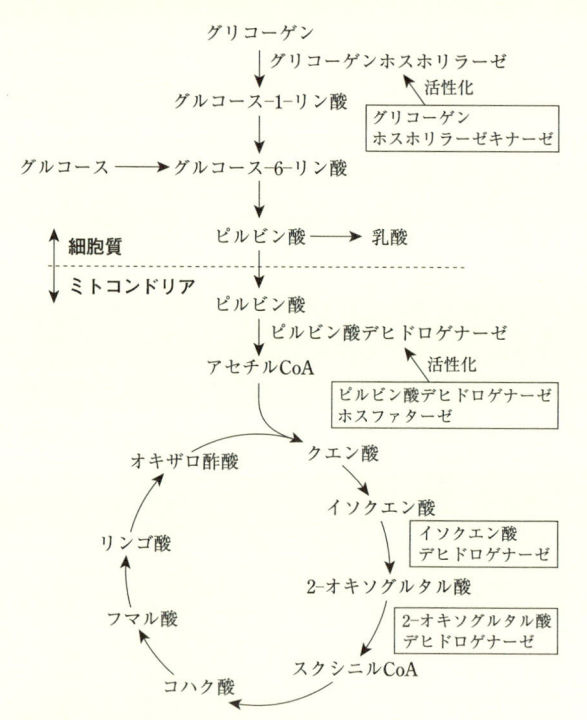

図 6.4 グリコーゲンの分解，解糖系，TCA 回路とカルシウムイオンの関連
カルシウムイオンはグリコーゲンホスホリラーゼキナーゼ，ピルビン酸デヒドロゲナーゼホスファターゼ，イソクエン酸デヒドロゲナーゼ，2-オキソグルタン酸デヒドロゲナーゼの反応に必要である．

朝倉書店〈健康・スポーツ科学関連書〉ご案内

運動と栄養と食品
伏木 亨編
A5判 176頁 定価3150円（本体3000円）（69041-5）

好評の『スポーツと栄養と食品』の姉妹書。〔内容〕運動とアミノ酸・タンパク質／運動と筋肉への糖吸収機構／疲労感発生メカニズム／筋肉増強のメカニズム／エネルギー代謝と食品／運動とミネラル／運動時のエネルギー代謝／運動と食品。

最新健康科学概論
緒方正名監修 前橋 明・大森豊緑編著
A5判 216頁 定価3360円（本体3200円）（64033-5）

近年いよいよ関心の高まる健康科学，健康づくりについて，網羅的にかつ平明に解説した大学・短大生向けテキスト。〔内容〕健康の意識／ストレスと健康／ライフステージと健康管理／保健行動と健康管理システム／職業・作業活動と健康／他

スポーツバイオメカニクス
深代千之・桜井伸二・平野裕一・阿江通良編著
B5判 164頁 定価3675円（本体3500円）（69038-5）

スポーツの中に見られる身体運動のメカニズムをバイオメカニクスの観点から整理し，バイオメカニクスの研究方法について具体的に解説。〔内容〕発達と加齢・臨床におけるバイオメカニクス／力学の基礎／計測とデータ処理／解析／評価／他

スポーツバイオメカニクス20講
阿江通良・藤井範久著
A5判 184頁 定価3360円（本体3200円）（69040-8）

スポーツの指導，特に技術の指導やトレーニングを効果的に行うためには，身体運動を力学的に観察し分析することが不可欠である。本書はスポーツバイオメカニクスの基礎を多数の図（130）を用いて簡潔明快に解説したベストの入門書である

運動生理学20講（第2版）
勝田 茂編著
B5判 164頁 定価3570円（本体3400円）（69032-3）

好評を博した旧版を全面改訂。全体を20章にまとめ，章末には設問を設けた。〔内容〕骨格筋の構造と機能／筋力と筋パワー／神経系による運動の調節／運動時のホルモン分泌／運動と呼吸・心循環／運動時の水分・栄養摂取／運動と発育発達／他

健康・スポーツ科学
武井義明著
A5判 136頁 定価2940円（本体2800円）（69034-7）

「ヒト（生体）」に関して運動生理学と"複雑系"の側面から理解することで「人」を知ることをめざし，大学・短大向けに平易に解説。〔内容〕健康・スポーツ科学とは何か／運動生理学によるヒトの理解／生体協同現象学によるヒトの理解

スポーツ医学 —基礎と臨床—
日本体力医学会学術委員会監修
B5判 416頁 定価15750円（本体15000円）（69031-6）

日本体力医学会学術委員会の編集による「スポーツ医学の基礎」を全面改訂。各種疾病と運動許可条件・運動処方の内容を充実させ，実践にも役立つように配慮。〔内容〕基礎編／疾病と運動編／スポーツ外傷・障害編／体力の測定と評価の実際

体力づくりのための スポーツ科学
湯浅景元・青木純一郎・福永哲夫編
A5判 212頁 定価3045円（本体2900円）（69036-1）

健康なライフスタイルのための生活習慣・体力づくりをテーマに，生涯体育の観点からまとめられた学生向けテキスト。〔内容〕大学生と体力／体力づくりのためのトレーニング／生活習慣と食事／女子学生の体力づくり／生涯にわたる体力づくり

最新 人体生理学入門
伊藤眞次・黒島晨汎編
A5判 224頁 定価3675円（本体3500円）（64018-2）

大学一般教養から，短大，コメディカル，健康科学などの人々のための標準的教科書。〔内容〕人体生理学とは／体液と血液／心臓と血管系／呼吸／消化・吸収／エネルギー代謝／体温／腎臓／内分泌／骨格と筋肉／神経系／感覚／性腺と生殖

シリーズ[トレーニングの科学]
最新の情報を網羅する選手,現場の指導者向けの好シリーズ

1. レジスタンス・トレーニング
トレーニング科学研究会編
A5判 296頁 定価5460円(本体5200円) (69015-6)

〔内容〕レジスタンストレーニングの実際と課題・基礎/競技スポーツにおけるレジスタンストレーニングの実際と課題(20種目)/一般人におけるレジスタンストレーニングの実際と課題/レジスタンストレーニングにおけるけがと障害/他

3. コンディショニングの科学
トレーニング科学研究会編
A5判 232頁 定価4620円(本体4400円) (69017-0)

〔内容〕基礎編(コンディショニングとは/コンディショニングマネージメント/ピーキング/グリコーゲンローディング/減量/オーバートレーニング/スポーツPNF/アスレチックトレーナー/女性)/種目編(マラソンほか15競技種目)

5. 競技力向上の スポーツ栄養学
トレーニング科学研究会編
A5判 208頁 定価3990円(本体3800円) (69019-4)

〔内容〕トレーニングと食事のタイミング/スポーツ種目別にみた栄養素の配分/スポーツ飲料の基礎/ジュニア期のスポーツと食事の配慮/高所トレーニングにおける食事/種目別・期分け別献立例/付録:栄養補助食品・飲料リスト/他

トレーニング科学ハンドブック (新装版)
トレーニング科学研究会編
B5判 560頁 定価23100円(本体22000円) (69042-2)

競技力向上と健康増進の二つの視点から,トレーニング科学にかかわる基本的な事項と最新の情報のすべてがわかりやすいかたちで一冊の中に盛込まれている。〔内容〕素質とトレーニングの可能性/トレーニングの原則と実際/トレーニングマネージメント/トレーニングの種類と方法/トレーニングの評価法/トレーニングとスポーツ医学/トレーニングによる生体適応/トレーニングに及ぼす生物学的因子/トレーニングへの科学的アプローチ/トレーニングと疾患/用語解説/他

スポーツ基礎数理ハンドブック
深代千之・柴山 明著
A5判 424頁 定価10290円(本体9800円) (69035-4)

スポーツ科学を学び,研究しようとする人にとって,基本的な数学や力学は必須の道具である。その道具を活用できるよう基本的知識・方法を厳選し,著者独自の工夫を加えて丁寧に解説。〔内容〕スポーツバイオメカニクス/数/三角比・三角関数/ベクトル/微分法/積分法/いくつかの関数/微分方程式気分/バイメカことはじめ/質点の運動/運動量/力学的エネルギー/回転運動の初歩/剛体の運動/関節トルク/慣性系・非慣性系/フーリエ解析の怪/古典力学小史

人間の許容限界事典
山崎昌廣・坂本和義・関 邦博編
B5判 1032頁 定価39900円(本体38000円) (10191-1)

人間の能力の限界について,生理学,心理学,運動学,生物学,物理学,化学,栄養学の7分野より図表を多用し解説(約140項目)。〔内容〕視覚/聴覚/骨/筋/体液/睡眠/時間知覚/識別/記憶/学習/ストレス/体調/やる気/歩行/走行/潜水/バランス能力/寿命/疫病/体脂肪/進化/低圧/高圧/振動/風/紫外線/電磁波/居住スペース/照明/環境ホルモン/酸素/不活性ガス/大気汚染/喫煙/地球温暖化/ビタミン/アルコール/必須アミノ酸/ダイエット/他

現代の体育・スポーツ科学
スポーツを科学の目でとらえる

スポーツトレーニング
浅見俊雄著
A5判 180頁 定価3885円（本体3700円）（69517-5）

〈勝つためのトレーニング〉への好指針。〔内容〕動く身体の構造と機能／体力トレーニング／技術と戦術のトレーニング／意志のトレーニング／発育・発達とトレーニング／トレーニング計画の立て方・進め方／スポーツ指導者の役割／他

スポーツ・ダイナミクス
永田 晟著
A5判 216頁 定価3465円（本体3300円）（69519-9）

複雑な各種スポーツのメカニクスとその背景となる科学的な知識について多数の図を用いて解説。〔内容〕スポーツのメカニクス／体育科教育のバイオ・ダイナミクス／スポーツ力学と運動方程式／関節のダイナミクス／スポーツ医学と事故

パワーアップの科学 ―人体エンジンのパワーと効率―
金子公宥著
A5判 232頁 定価3990円（本体3800円）（69521-2）

多数の図（200）を駆使してエネルギー論的アプローチにより、ヒトの身体活動とその能力を明快に解説。〔内容〕パワーとは何か／人体エンジンのパワー／筋肉の特性と出力パワー／パワーの発育発達とトレーニング／人体エンジンの効率／他

新版 運動処方 ―理論と実際―
池上晴夫著
A5判 288頁 定価4830円（本体4600円）（69522-9）

運動処方のすべてを明快・具体的に解説。〔内容〕健康と運動と体力／運動の効果（自覚的効果／心臓・血圧・動脈硬化・有酸素能力・全身持久力・体温調節機能・肥満と血中脂質・体力に及ぼす効果／喫煙と運動／運動と栄養）／運動処方の実際

数理体力学
松浦義行編著
A5判 216頁 定価3780円（本体3600円）（69524-3）

〔内容〕体力の測定・評価の数理／体力発達の数理的解析／数理体力学の諸問題（スポーツ科学への数学的接近の必要性，数学的アプローチの長所と限界，帰納的数理と演繹的数理による接近）／スポーツ現象理解のための数理モデルの構築と実際

身体機能の調節性 ―運動に対する応答を中心に―
池上晴夫編
A5判 288頁 定価5040円（本体4800円）（69526-7）

運動を切口にして生理機能の調節性を解説。〔内容〕エネルギーの需要と供給／呼吸系の応答／循環系の応答／重力と運動／高地と運動／運動と骨格筋／運動と発汗調節／運動と体液の調節／四肢の運動調節／姿勢の調節／運動と内分泌系／他

フィットネススポーツの科学
芝山秀太郎・江橋 博編
A5判 192頁 定価3675円（本体3500円）（69527-4）

健康づくりに役立つフィットネススポーツを実際的に解説。〔内容〕健康づくりとフィットネススポーツ／運動処方とフィットネススポーツ／長期間のフィットネススポーツとその効果／ウエイトコントロール／フィットネススポーツ処方の実際他

女性とスポーツ ―動くからだの科学―
加賀谷淳子編
A5判 240頁 定価4725円（本体4500円）（69528-1）

〔内容〕遺伝子からみた性差／体格と身体組成／女性の筋・神経系・呼吸・循環系・内分泌系の特性と運動／女性の代謝特性と減量／運動と骨／妊娠出産とスポーツ／男性と女性の動きの相違／女性の競技記録／女性の運動と身体に関する資料集

スポーツと寿命
大澤清二著
A5判 240頁 定価5040円（本体4800円）（69529-8）

〔内容〕寿命と運動／体力と寿命／体格と寿命／ライフスタイルと寿命／スポーツ習慣と寿命／日本人スポーツマンの寿命／スポーツ種目と寿命／スポーツマンの死因／スポーツによる障害と事故死の確率／女性とスポーツ／他

オックスフォード スポーツ医科学辞典

M.ケント編著　福永哲夫監訳
A5判 592頁 定価14700円（本体14000円）（69033-0）

定評あるOxford University Press社の"The Oxford Dictionary of Sports Science and Medicine (2nd Edition)"（1998年）の完訳版。解剖学，バイオメカニクス，運動生理学，栄養学，トレーニング科学，スポーツ心理学・社会学，スポーツ医学，測定・評価などスポーツ科学全般にわたる約7500項目を50音順配列で簡明に解説（図版165）。関連諸科学の学際的協力を得て，その領域に広がりをみせつつあるスポーツ科学に携わる人々にとって待望の用語辞典

筋の科学事典
―構造・機能・運動―

福永哲夫編
B5判 528頁 定価18900円（本体18000円）（69039-2）

人間の身体運動をつかさどる最も基本的な組織としての「ヒト骨格筋」。その解剖学的構造と機能的特性について最新の科学的資料に基づき総合的に解説。「運動する筋の科学」について基礎から応用までを網羅した。〔内容〕身体運動を生み出す筋の構造と機能／骨格筋の解剖と生理／骨格筋の機能を決定する形態学的要因／筋の代謝と筋線維組成／筋を活動させる神経機序／筋収縮の効率／筋と環境／筋のトレーニング／筋とスポーツ／人体筋の計測／筋とコンディショニング

からだ
身体のからくり事典

杉崎紀子著
A5判 372頁 定価6300円（本体6000円）（64029-8）

人間のからだの仕組みは複雑でありながらみごとに統御され"からくり"に支配されてヒトは生きている。その複雑で巧妙なメカニズムを，一つの目でとらえ，著者自身の作成したオリジナルの総合図をもとにスプレッド方式（見開き2ページを片面図，片面本文解説）で173項目を明快に解説。医学・医療関係者，健康・運動科学等ヒトの身体を学ぶ方々に必携の書。〔内容〕身体機能の知識（58項目）／病気の基礎知識（66項目）／健康生活の基礎知識（32項目）／健康政策の基礎知識（17項目）

日本人のからだ
―健康・身体データ集―

鈴木隆雄著
B5判 356頁 定価14700円（本体14000円）（10138-6）

身体にかかわる研究，ものづくりに携わるすべての人に必携のデータブック。総論では，日本人の身体についての時代差・地方差，成長と発達，老化，人口・栄養・代謝，運動能力，健康・病気・死因，各論ではすべての器官のデータを収録。日本人の身体・身性に関する総合データブック。〔内容〕日本人の身体についての時代差・地方差／日本人の成長と発達／老化／人口・栄養・代謝／運動能力／健康・病気／死因／各論（すべての器官）／付：主な臨床検査にもとづく正常値／他

足の事典

山崎信寿編
B5判 216頁 定価10290円（本体9800円）（20096-6）

数百万年前に二足歩行により手を解放してきた足を改めて見直し，健康や物作りの基礎となる様々なデータを収載。〔内容〕解剖（体表，骨格，筋・血管・神経，時代的変化，足の異常等）／形態（測り方，計測データ，形態特徴，体表面積等）／生理（皮膚感覚，発汗と不感蒸泄，むくみ，利き足，足刺激の効用等）／歩行（足趾の動き，アーチ・寸法の変化，足底圧変化，着力点軌跡，床反力等）／動態（足表面・足首の柔軟性，関節の靭帯物性，モデル解析，足指の力，ハイヒール歩行等）

ISBN は 978-4-254- を省略　　　　　　　　　　　　　　　（表示価格は2008年5月現在）

朝倉書店

〒162-8707　東京都新宿区新小川町6-29
電話　直通（03）3260-7631　FAX（03）3260-0180
http://www.asakura.co.jp　eigyo@asakura.co.jp

以上のグリコーゲン分解およびクエン酸サイクルにおけるカルシウムイオンの作用を図6.4にまとめた．

3） 電子伝達系　クエン酸回路で生じた電子は，NADHなどの形で電子伝達系に受け渡され，ATP産生に利用される．電子伝達系は微量ミネラルが関与する4種類のタンパク質複合体により進行する．

電子伝達系の第1段階で作用する**NADH-CoQレダクターゼ複合体**（NADH-coenzyme Q reductase complex）は，少なくとも25種類のタンパク質で構成される．これらのタンパク質のいくつかは活性中心に鉄とイオウを含む非ヘム鉄タンパク質（鉄-イオウタンパク質）である．同様に，これに続く**コハク酸-CoQレダクターゼ複合体**（succinate-coenzyme Q reductase complex）も鉄-イオウタンパク質を含む．第3段階で電子の授受に関与する**CoQ-チトクロム c レダクターゼ複合体**（coenzyme Q-cytochrome c reductase complex）は，ヘムタンパク質である複数のチトクロムと鉄-イオウタンパク質によって構成される．さらに最終段階で作用する**チトクローム c オキシダーゼ複合体**（cytochrome c oxidase complex）は2分子のチトクロムに加え，価数の異なる2個の銅イオンを含む．

b． 鉄欠乏によるエネルギー産生の低下

先にも述べたように，鉄欠乏下ではヘモグロビン濃度が低下するため，筋肉への酸素供給量が減少し，筋細胞のエネルギー産生は低下する．血液ドーピングとは，ヘモグロビン濃度を上昇させるために，保存していた自らの血液を輸血するもので，筋細胞への酸素供給量増加を目的としている．

一方，動物における研究は，鉄欠乏による運動能力低下が，貧血による酸素供給量低下とは無関係に起こることを示している．すなわち鉄欠乏時に生ずる持久運動能力の低下は，貧血の程度ではなく，乳酸蓄積量で判断される筋肉の酸化的代謝の損傷の大きさと比例すると報告されている．この報告が正しいならば，鉄欠乏による身体能力低下は酸化的代謝に関わる鉄含有酵素（電子伝達系に関わる鉄含有タンパク質）の欠乏によって生じるといえよう．

c． マグネシウムとATP

ATPが実際にエネルギーとして利用されるとき，ATP分子中の高エネルギーリン酸結合が切断される．すなわちATPのエネルギーを利用する機能タンパ

質は，ATP分解反応を触媒している．このようなタンパク質は，ATP分解という視点に立てば"ATPアーゼ"と総称できる．たとえば，ATPをエネルギー源としてカルシウムを細胞外に排出するタンパク質は，カルシウム輸送という点では"カルシウムポンプ"であるが，ATP分解という点では**"カルシウム依存性ATPアーゼ**（calcium-dependent ATPase）"となる．

ATPがATPアーゼによって分解されるとき，ATPはマグネシウムイオンとの間でキレートを形成している．つまり，ATPアーゼの真の基質はマグネシウム-ATP複合体であり，マグネシウムイオンが存在しなければATPのエネルギーは利用できないことになる．

筋肉中マグネシウムイオン濃度が著しく低下すれば，理論的にはATP分解によるエネルギーが利用できないので運動能力は低下することになる．しかし現実には，マグネシウムイオンはATPよりも過剰に組織中に存在しているため，マグネシウムイオン濃度が律速となってエネルギー産生が低下することはない．

6.3 骨代謝とミネラル

a. 骨代謝の概略

1) 骨の構造　骨は骨膜，骨質，および骨髄からなる．骨質には微小な腔（**骨小腔**（bone cavities））が点在し，骨小腔中に骨細胞が存在する．骨の大半を占める骨質は，コラーゲンを主成分とする結合組織（**骨基質**（bone matrix））に**骨塩**（bone mineral）が沈着したものである．骨塩は**ヒドロキシアパタイト**（hydroxyapatite）と呼ばれ，リン酸カルシウム，水，および少量のマグネシウムなどを含む．また骨塩には，必須の構成成分ではないが，亜鉛やナトリウムなども含まれている．

2) 骨のリモデリング　骨は基本構造を維持しながらたえず分解（**骨吸収**（bone absorption））と生成（**骨形成**（bone formation））を繰り返している．この繰り返しは**リモデリング**（remodeling：再造形）といい，古い骨が破骨細胞によって壊され，そこに新しい骨が骨芽細胞によって形成される現象である．

骨のリモデリングには，図6.5に示す多くの要因が関わっている．副甲状腺から分泌される**パラトルモン**（parathormon）と**カルシトニン**（calcitonin）は，それぞれ破骨細胞と骨芽細胞に直接作用するホルモンであり，血漿カルシウム濃度

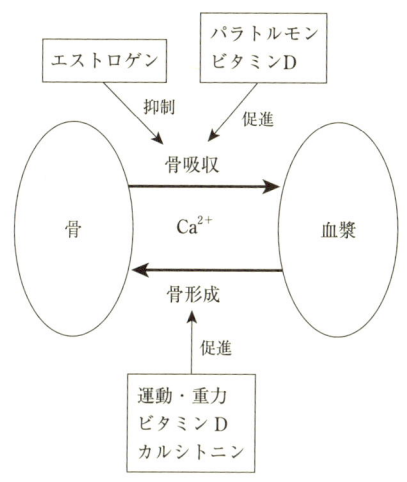

図 6.5　骨のリモデリングに関わる要因

に応じて分泌される．すなわち血漿カルシウム濃度が減少した場合には，パラトルモンが分泌され，骨吸収を高めて骨から血漿へカルシウムを移行させる．閉経後の女性では，骨吸収抑制作用をもつ**エストロゲン**（estrogen）の分泌が減少する．このため骨吸収側にバランスが傾いて，骨塩量（骨密度）が低下し，**骨粗鬆症**（osteoporosis）が多発する．

3）運動の骨形成促進効果　運動による物理的刺激は骨芽細胞を活性化する．このため，運動はリモデリングのバランスを骨形成側に傾かせ，骨量を増大させる．運動による骨形成促進効果は持久力よりも瞬発力を要求する運動において大きい．重力も骨芽細胞の活性化に関わっており，長期間無重力の状態にあった宇宙飛行士では骨量の低下が観察される．

b．疲労骨折

1）疲労骨折とは　通常では骨折に至らないような小さな外力，たとえば各種のスポーツを行うときに発生する負荷が，骨の同じ部位に繰返し加わることによって骨折に至った状態を**疲労骨折**（fatigue fracture）という．

疲労骨折は思春期，特に 15〜17 歳に発生数が多い．この時期に発生数が多いのは，中学生が高校生になる年代で運動強度が急に大きくなるのに対して，骨と筋肉の発達がアンバランスであるためと考えられる．スポーツの種類別にみた場

合，陸上競技選手に多く，脛骨，腓骨，中足骨，大腿骨，甲足骨など下肢骨に多発する．しかし，その他のスポーツでも発生はまれではなく，ゴルフでは肋骨，野球では尺骨肘頭が好発部位である．

2) 骨塩量との関わり　疲労骨折の直接原因は過度の負荷であるが，骨塩量減少も原因の一つに加えることができる．運動はしばしば大量発汗を伴うため，血漿カルシウム損失が生ずる．ゆえに食事からのカルシウム補給が不十分だと，発汗損失分を骨吸収で補うため，リモデリングのバランスが骨吸収側に傾く．このような状況では骨塩量は低下しており，疲労骨折を起こす危険性は高い．

女子運動選手には体脂肪率が極端に低い場合がある．体脂肪量の減少は女性ホルモン（エストロゲン）の分泌低下を招き，無月経などの月経異常につながる．このようなケースでは閉経後と同様に骨塩量も低下しており，疲労骨折が発生しやすいといわれる．

c. カルシウム摂取と骨塩量

カルシウム摂取量と骨塩量との関連を検討した疫学的な研究によれば，カルシウム摂取量と骨塩量との間には有意な関連が認められている．この関連は，若年者で強く，閉経後女性では弱い．すなわち若年者では，カルシウムを食事から適切に摂取すれば骨塩量は増加する．ゆえに，疲労骨折の危険性が高い思春期の運動選手は，カルシウムの摂取に特に注意すべきである．なお，骨塩量を最大にするのに必要なカルシウム摂取量は，米国人では 1000～1500 mg/day といわれており，日本人でもこれに近い数値が目標となる．

d. カルシウム以外のミネラルと骨

1) 骨を貯蔵庫とするミネラル　骨がカルシウムとリンの貯蔵組織であることはよく知られているが，他のミネラルも骨を貯蔵庫としている場合がある．

骨塩を構成するヒドロキシアパタイトは，正規の成分としてマグネシウムを含有する．骨マグネシウムは生体中マグネシウムの 60% 近くを占める．血漿マグネシウム濃度がきわめて厳密にコントロールされていることから，骨マグネシウムがマグネシウムの貯蔵庫として，血漿マグネシウムの恒常性維持に重要な役割を担うことは容易に理解できる．

亜鉛は骨の必須成分ではない．しかし，骨亜鉛は体内亜鉛の 20～30% を占め，亜鉛摂取量の変動を鋭敏に反映する．ゆえに，生体における亜鉛の恒常性維持に

骨は一定の役割を果たすと考えられる．

ナトリウムも骨の必須成分ではないが，骨を貯蔵庫として利用している．すなわち，ナトリウム摂取量が少ないと，骨からナトリウムを動員して血漿ナトリウム濃度を維持するため，骨吸収が促進される．日常的に 12 g 程度の食塩を摂取していたヒトが食塩摂取量を半減させると，骨吸収が促進されてカルシウム出納が負になることが観察されている．

2） 骨形成に必要なミネラル　銅含有酵素の**リジルオキシダーゼ**（lysyl oxidase）は，コラーゲン架橋構造の中間体であるリジンアルデヒドの合成に必須である．ゆえに銅欠乏はコラーゲン合成低下を起こし，健全な骨形成を妨げる．

6.4　発汗とミネラル

a．汗による水分とミネラルの損失

1） 汗のミネラル濃度　表 6.2 に一般的な汗のミネラル濃度の範囲を示した．汗に含まれるミネラルの濃度は，発汗条件，および個人差の影響を受けてさまざまな値を示す．また発汗量の増加とともに濃度も変化する．このため，特殊な条件で採取した汗では，表の範囲を大幅に逸脱する数値を示すこともある．

2） スポーツ飲料　いわゆる**スポーツ飲料**（sport drink）は，発汗で失われる水分とミネラルの補給を目的として開発された．スポーツ飲料に含まれるミネラルは，ナトリウム，カリウム，カルシウム，マグネシウムである．表 6.2 に示すように，それらの濃度は一般的な汗のミネラル濃度をほぼ反映している．また意図的に特定のミネラルの濃度を高め，食事からの摂取不足を補うよう設計した飲料も販売されている．

3） 発汗量　炎天下の運動では，1 時間に 1 l 以上の発汗も稀ではない．た

表 6.2　一般的な汗と市販スポーツ飲料のミネラル濃度

ミネラル	濃度（mM）	市販スポーツ飲料（mM）
ナトリウム	5〜30	10〜25
塩素	5〜25	10〜20
カリウム	2〜15	5〜20
カルシウム	0.5〜5	0.5〜10
マグネシウム	0.1〜2	0.2〜5

種々の報告値を参考に作成．

だし，このような激しい運動を継続することは不可能であり，1日の最大発汗量としては10 l という数値が目安にされている．

b. 大量発汗の影響

1) 大量発汗とは　大量発汗という表現が具体的にどの程度の数値を意味するかに関して，日本人の食事摂取基準では，3 l 以上の発汗において食塩の補給が必要としている．ゆえに本項においても，3 l 以上の発汗を大量発汗と考える．

2) 水分損失の影響　大量発汗とは血漿から水分とミネラルが失われる現象である．汗として血漿から急激に大量の水分が失われれば，たとえ細胞間液や細胞内から水分が補われたとしても，一時的な血漿量減少は避けられない．ゆえに大量発汗に見合う水分の補給がなければ，血漿量減少に伴う血液の粘稠化が生じ，循環障害が発生する．循環障害は脳への酸素供給を低下させ，意識障害を引き起こす．このような大量発汗を原因とする循環障害は**熱中症**（heat apoplexy）の一種であり，**熱疲憊**（heat exhaustion）と呼ばれる．

3) ナトリウム損失の影響　発汗による血漿電解質（ナトリウム，カリウム，カルシウム，マグネシウムイオン）の損失が，一時的に血漿電解質濃度を変動させ，けいれんを起こすことがある．この症状も熱中症の一種であり，**熱けいれん**（heat cramp）という．特に，発汗による水分損失を意識するあまり，運動中に水分のみを補給すると，血漿ナトリウム濃度が低下し，**低ナトリウム血症**（hyponatremia）を起こす危険性がある．

低ナトリウム血症は痩せ型の女性やスポーツ初心者に起こりやすい．2002年ボストンマラソン終了後の検査によると，血漿ナトリウム濃度の異常者は男性（322例中25例，8％）よりも女性（166例中37例，22％）に多く，異常者の大多数はレース中に3 l 以上の水分を摂取していた[2]．このレースでは，28歳の女性がゴール直後に倒れ，低ナトリウム血症で死亡している．痩せ形の女性が，男性選手と同じペースで大量に水分を補給すれば，血漿ナトリウム濃度が低下する危険性は高い．運動中の水分補給は必要であるが，電解質（特にナトリウム）補給も同時に行うことが重要である．

4) 発汗による亜鉛の損失　汗は血漿電解質以外の微量ミネラルも含む．かつては，汗には相当量の鉄が含有されており，大量発汗による鉄損失が運動性貧血の原因と考えられたこともあった．しかし，厳密な条件で採取された汗の鉄含量

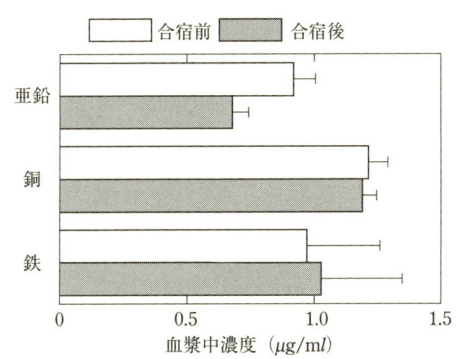

図 6.6 大学ボート部員夏合宿前後の血漿中ミネラル
濃度の変化[3]
対象者は男性 11 名，女性 2 名で，合宿期間は 7 日間
である．

はわずかであるので，鉄の損失経路としての汗はほとんど無視できるようである．

一方，いくつかの報告は，汗中の亜鉛濃度が 1 mg/l に近いことを示している．亜鉛の 1 日摂取量と推奨摂取量がいずれも 8 mg 前後であり，吸収率が約 30%であることを考えると，大量発汗による亜鉛損失は無視できない．図 6.6[3] に，大学ボート部選手における夏期合宿後の血漿亜鉛濃度の低下を示した．合宿中の亜鉛摂取量が合宿前と変化ないことを確認していることから，合宿中の大量発汗が亜鉛損失を起こした可能性が高い．亜鉛欠乏は，赤血球膜抵抗性の減弱による**溶血**と**インスリン様成長因子 I**（insulin-like growth factor-I, IGF-I, 別名：ソマトメジン C（somatomedine C））低下による赤血球産生の低下を起こし，貧血を起こす場合がある．亜鉛欠乏の症状として有名なのは味覚障害であるが，運動選手では貧血の方が影響が大きい．いずれにしても運動選手は，大量発汗による亜鉛損失を考慮して，食事からの亜鉛摂取を心がける必要がある．

6.5 運動性貧血

a. 現　状

血液中のヘモグロビン濃度が低下した状態（男性：14 g/dl，女性：12 g/dl 以下）を**貧血**（anemia）という．ヘモグロビン濃度が女性で 11，男性で 13 g/dl 以

下になると倦怠感や運動能力の低下が出現する．貧血の原因としては，鉄欠乏，赤血球産生過程（ヘモグロビン合成と赤血球の生成）の異常，溶血，薬剤投与，失血などがある．**運動性貧血**（sports anemia）とはスポーツ活動が原因となる貧血をいい，ほとんどは**鉄欠乏性貧血**（iron deficiency anemia），または**溶血性貧血**（hymolytic anemia）といわれている．

運動性貧血は女性に頻度が高く，激しいトレーニング，または急に運動量が増した場合に起こる．一流運動選手において，男性の6～7％，女性の25～30％が貧血との報告がある．種目別に検討した報告では，女子陸上選手の過半数が運動性貧血の状態にあるという．

b．メカニズム

1）溶 血　図6.7[3)]は，大学ボート部員を対象にして，1週間の夏合宿前後のヘモグロビン濃度を比較したものである．ほとんどの選手において合宿後に約10％のヘモグロビン濃度低下が観察される．表6.3[3)]に示すように，このとき

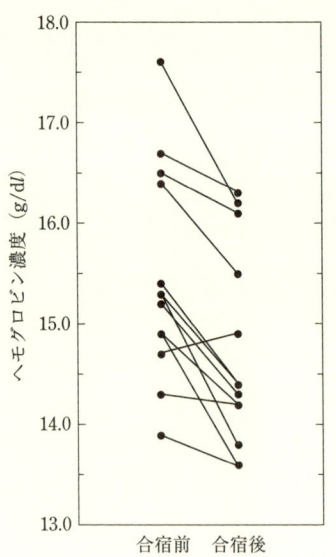

図6.7　大学ボート部員夏合宿前後のヘモグロビン濃度の変化[3)]
対象者は男性11名，女性2名で，合宿期間は7日間である．

表 6.3 夏合宿前後の大学ボート部員の血中成分濃度 [3]

	合宿前	合宿後
赤血球数（×10/mm³）	491.5±36.4	475.8±32.6
網状赤血球数（×10/mm³）	6.9±2.5	13.8±7.7*
ヘマトクリット値（%）	46.5±2.7	43.7±2.4*
ハプトグロビン 2-1 型（n=5, mg/dl）	119.8±22.9	108.6±15.0*
ハプトグロビン 2-2 型（n=8, mg/dl）	51.8±21.1	37.8±22.9*
アスコルビン酸（mg/dl）	0.7±0.1	0.4±0.2**
α-トコフェロール（mg/dl）	0.8±0.2	0.7±0.1*
マロンジアルデヒド（nmol/dl）	2.3±0.3	2.8±0.4**

数値はいずれも平均値±標準偏差（n=13）．対応のある t 検定において，*：危険率 5% または **：1% で有意差が認められた．

網状赤血球（reticulocyte）は合宿後に増加，血漿**ハプトグロビン**（haptoglobin）濃度は合宿後に低下していた．溶血によって血漿にヘモグロビンが出現すると，ハプトグロビンが結合する．ゆえに血漿ハプトグロビンの減少は，ボート部員に溶血が進行していることを意味する．また網状赤血球の増加は，溶血の進行に対応して赤血球合成が亢進していることを意味する．これらの観察結果は，運動性貧血に溶血が関わっていることを端的に示している．

2） 溶血の原因　大量発汗時には血漿電解質濃度が一時的に変化する．血漿電解質，特にナトリウム濃度が変化することは，血漿浸透圧の変化を意味する．このような血漿浸透圧の変化は溶血を起こす原因のひとつかもしれない．

　運動による機械的衝撃が内出血や溶血を起こし，貧血につながる場合がある．ヒトの身体動作は非常に大きな重力を足底部にかける．このため激しい運動では血管が押しつぶされ内出血を起こし，同時に，赤血球も壊される．長時間走り続けるロードランナーやジャンプに伴う着地を繰り返すバレーボール選手などでは，このような機械的衝撃の影響は大きいだろう．

　一方，マウスに遊泳運動を一定期間負荷すると，やはりヘモグロビン濃度の低下を観察できる．このときマウスの血液には若い赤血球の割合が増加しており，溶血に伴う赤血球合成の亢進が認められる．マウスは汗をかかないし，遊泳運動は血管を壊すほどの機械的刺激でもない．ゆえにこの場合の溶血には別の要因が関わると考えなければならない．運動時には酸素が大量消費されるため，大きな酸化ストレスが生体に生じている可能性がある．先に紹介したボート部員では，

表6.3に示すように,合宿後に血漿過酸化脂質の増加とビタミンCおよびE濃度の低下が認められた.ゆえに運動に起因する酸化ストレスが赤血球膜のリン脂質に損傷を与えて赤血球膜を脆弱化させ,溶血を起こした可能性は高い.

以上のように,運動が溶血を起こすメカニズムにはさまざまなものが提示されている.おそらくは,これらのメカニズムが重なりあって溶血が進行するのであろう.

3) 出 血 運動選手では,精神的ストレスによって消化管から出血を起こす場合がある.出血は血液成分,特に鉄を損失する現象であるから,出血量が多ければ鉄栄養状態に与える影響は大きい.

4) ミネラル欠乏との関わり 欠乏した場合に貧血を生ずるミネラルは,鉄,銅,亜鉛である.日本人女性の約10%に鉄欠乏性貧血,約30%にフェリチン濃度低下によって診断される潜在性鉄欠乏が認められるという実態を背景にして,運動性貧血にも鉄摂取不足が関わるという指摘がこれまで行われてきた.たしかに,運動性貧血のヒトの中には,血清鉄やフェリチンの数値から鉄欠乏性貧血と診断される事例が存在する.しかし,食事管理が行われ,十分に鉄を摂取している実業団や大学の運動選手にも運動性貧血は認められる.また,鉄欠乏性の運動性貧血者に鉄剤を投与しても改善しない事例がある.ゆえに運動性貧血では,鉄の体内利用が低下している可能性も考えられる.

c. 希釈性貧血

トレーニングを積んだ運動選手では循環血液量が増えることがある.この場合,赤血球やヘモグロビンの総量には変化がないので,血液中の水分量が増えたことにより,数値のうえでは貧血と判定される.このような貧血は**希釈性貧血**(dilution anemia)といわれる.希釈性貧血の運動選手では大量発汗によって血漿水分量が減少しても,血液の粘稠化は起こりにくい.ゆえに希釈性貧血は大量発汗に対する適応とも解釈でき,運動選手にとっては好ましい状態といえる.事実,希釈性貧血の状態にある運動選手は好成績を収めるといわれている.

d. 対　策

1) 溶血の予防 運動性貧血の原因である溶血が機械的衝撃で生じている場合,食事やスポーツ飲料補給による予防は困難である.しかし,血漿浸透圧の変化や酸化ストレスが関わっている場合には,ある程度の対処は可能である.

大量発汗による血漿浸透圧の変化は運動中に水分とナトリウムを適切に補給すれば予防可能である．スポーツ飲料や食塩を溶かした茶系飲料の利用が有効であろう．

一方，酸化ストレスに対応する栄養素としては，ビタミンC，ビタミンE，およびセレンがあげられる．先に取り上げたボート部員において，血中ビタミンCとEの濃度が低下していたことから，これらのビタミンをサプリメントとして推奨量よりもやや多く摂取することは有効かもしれない．またセレンは，**グルタチオンペルオキシダーゼ**（glutathione peroxidase）として生体内過酸化物の処理に関わっている．動物実験では，セレン欠乏状態において運動負荷を行うと，過酸化物の蓄積が増加すると報告されている．しかし，必要量を超えたセレンの投与が有効であるという研究は見当たらない．セレンに関しては，推奨摂取量と上限摂取量の幅が狭いこと，および日本人は日常の食事で十分な摂取が達成できていることを勘案すれば，サプリメントなどから酸化ストレス予防を目的に大量摂取する意義は小さいだろう．

2) ミネラル欠乏による貧血への対処　運動性貧血のヒトの中には，鉄欠乏性貧血と診断される事例が存在する．このような場合は食事調査を行い，鉄の摂取状態を把握すべきである．鉄の摂取不足が明らかであれば，食事内容の改善，さらに必要なら鉄剤を投与して鉄栄養状態の改善を図らねばならない．

一方，鉄投与で改善しない鉄欠乏性の運動性貧血の事例が存在する．このような場合，亜鉛投与が有効なことがある．亜鉛は欠乏すると，前述のごとく赤血球産生能を低下させる．したがって，運動性貧血予防のための食事管理においては，鉄とともに亜鉛の摂取にも注意をはらうべきであろう．

6.6　ミネラルサプリメントの意義

a. 摂取の意義

健康に対する関心の高まりを背景に多種類のサプリメントが開発され，すべての必須ミネラルについてサプリメントが市販されている．しかし，現在の日本人において，サプリメントとして摂取する意義のあるミネラルは限られている．

国民栄養調査成績と食事摂取基準の数値を比較した場合，摂取不足のヒトが一定数以上存在すると推定されるミネラルは，カルシウム，鉄，亜鉛の3種であ

る．これらは疲労骨折や貧血予防の観点から，運動選手においても十分な摂取が必要なミネラルである．

　畜産物に代表される動物性食品は，カルシウム，鉄，亜鉛の有効な供給源である．ゆえにこれらのミネラルの摂取を増やすには，動物性食品を現状よりも多く摂取することが必要となる．つまり，カルシウム，鉄，亜鉛の摂取不足は，穀物をエネルギー源とする日本型食生活の宿命であり，これを解消するには，畜産物をエネルギー源とする欧米型食生活を現状以上に導入しなければならない．しかし，畜産物の摂取を増やすことは，動物性脂肪の摂取増を意味し，世界で最もバランスがよいとされる糖質，脂質，タンパク質の摂取バランスを崩すことにつながる．ゆえに，カルシウム，鉄，亜鉛に限定すれば，サプリメントの利用は三大栄養素の摂取バランスを壊すことなくこれらのミネラルを補給することにつながる．したがって，サプリメント利用の意義は十分にあるといえる．

b．摂取における注意点

1）摂取量　サプリメントは誰でも気軽に購入できる．また，サプリメントのミネラル含有量も多岐にわたっている．ミネラルは多量に摂取すれば過剰障害が発生する．ゆえに，信用できるサプリメントを選択し，かつ過剰摂取に十分注意しなければならない．

　現在，厚生労働省は亜鉛，カルシウム，鉄，銅，マグネシウムに対して**栄養機能食品**（food with nutrient function claims）の制度を設けている．栄養機能食品とは，摂取量が基準範囲（亜鉛 3〜15 mg/day，カルシウム 250〜600 mg/day，鉄 4〜10 mg/day，銅 0.5〜5 mg/day，マグネシウム 80〜300 mg/day）内になるように設計されたサプリメントである．しかし，栄養機能食品といえども，亜鉛，鉄，銅については，基準の上限は食事摂取基準の推奨摂取量を上回っており，無秩序に利用すれば過剰摂取に至る可能性がある．ゆえに，これらのサプリメントを利用する場合には，医師や栄養士などの専門家のアドバイスを受けることが必要である．

2）吸収段階における相互作用　栄養機能食品の対象となっているミネラルは，たがいに類似の機構によって吸収される．ゆえに，消化管内にこれらのミネラルが共存すると，相互作用を起こし，それぞれの吸収率が低下する場合がある．特に，カルシウムは摂取量が多いため，他の微量ミネラルの吸収に与える影

響は大きく，カルシウムサプリメントを食事中に摂取すれば，食事中の鉄や亜鉛の吸収率を低下させる可能性がある．したがってミネラルサプリメントについては，服用するタイミングにも注意が必要である．

引用文献

1) 金子佳代子，万木良平（2003）環境・スポーツ栄養学，建帛社
2) Almond CS, Shin AY, Fortescue EB, Mannix RC, Wypij D, Binstadt BA, Duncan CN, Olson DP, Salerno AE, Newburger JW, Greenes DS（2005）Hyponatremia among runners in the Boston Marathon. *N Engl J Med*, **352**, 1550–1556
3) 福永健治，吉田宗弘，小野聡子，中園直樹（1997）急激な運動による血液成分の変化．そのII，微量栄養素研究，**14**，161–165

参考文献

市川　厚監修，福岡伸一監訳（2003）マッキー生化学（第3版），化学同人
糸川嘉則編（2003）ミネラルの事典，朝倉書店
小幡邦彦，外山敬介，浜田明和，熊田　衛（1996）新生理学（第2版），文光堂
健康・栄養情報研究会編（2003）国民栄養の現状．平成13年厚生労働省国民栄養調査結果，第一出版
厚生労働省策定（2005）日本人の食事摂取基準［2005年版］，第一出版
田宮信雄，村松正実，八木達彦，遠藤斗志也（2000）ヴォート基礎生化学，東京化学同人
伏木　亨，柴田克己，吉田宗弘，下村吉治，中谷　昭，河田照雄，井上和生，横越英彦，中野長久（1996）スポーツと栄養と食品，朝倉書店
伏木　亨編著（2004）基礎栄養学，光生館
細谷憲政監修（2004）ヒューマン・ニュートリション．基礎・食事・臨床，医歯薬出版
山本啓一，丸山工作（1986）筋肉，化学同人

7. 運動時における各臓器のエネルギー代謝への寄与

7.1 エネルギー代謝調節機構についてのこれまでの諸説

ATP は，細胞が利用し他のエネルギー形態に変換できる，唯一の化学エネルギーの形態である．たとえば骨格筋の収縮は，ATP → ADP + Pi（無機リン酸）の加水分解によるエネルギーをミオシンがアクチンフィラメントを引く物理的な力に変換することで生じる．骨格筋の収縮に限らず，すべての生命活動にはエネルギーが必要であり，生物が生きるということは ATP を産生し続けることにほかならない．われわれは ATP 産生維持のために，食事を摂取しているともいえる．ヒトの ATP 産生系は大きく分けて嫌気的代謝と好気的代謝に分類される．これらの詳細については第 5 章を参照されたい．ヒトでは嫌気的代謝を**無酸素的代謝**（anaerobic metabolism），好気的代謝を**有酸素的代謝**（aerobic metabolism）と呼ぶことも多い．この節では ATP を産生する際に，どのエネルギー基質を利用するのか，すなわちエネルギー基質の選択性に関し述べる．

運動中のエネルギー基質選択はさまざまな因子により影響を受ける．たとえば運動の強度と時間，食事の種類，運動中のエネルギー補給，運動トレーニング，薬物，環境，遺伝子の違い（筋線維型など）が代表的な例である．本章では特に，運動の強度と時間に関するエネルギー基質選択について，骨格筋内で起こる反応を中心に述べることにする．

a. 無酸素的代謝と有酸素的代謝の選択

この選択については古くからよく研究が進んでおり，運動強度および時間により決定されるという見解が一般的である．有酸素的代謝とは，酸素を使い基質を水と二酸化炭素にまで分解し，その過程で ATP を得る反応であり，細胞内小器官の一つであるミトコンドリア内で行われる．しかし反応過程が多く複雑なため，定常状態に達するまで時間がかかり，最大速度は 2.5 mmol/kg/s といわれ

ている．一方，無酸素的代謝とは酸素を使わずに ATP を合成する反応であり，クレアチンリン酸系と解糖系ともに細胞質で行われる．最大で 11 mmol/kg/s を超える速い速度で ATP を供給できるといわれている．**クレアチンリン酸系**（creatine phosphate system）とはクレアチンリン酸の分解により ADP を ATP に再合成する反応であり，**解糖系**（glycolytic pathway）とはグルコースを無酸素的にピルビン酸あるいは乳酸まで分解する反応経路のことである．ATP 合成速度は解糖系よりクレアチンリン酸系の方が速い．これら無酸素的代謝による ATP 供給は短い時間しか維持できない．したがって，運動強度を基準に考えると，数秒から数十秒のような短時間に多量のエネルギーを必要とする激しい運動では無酸素的代謝がエネルギー産生の中心となり，それ以下の運動強度では徐々に有酸素的代謝の割合が増加してくるといえる．マラソンのような長時間続く運動ではほとんどのエネルギーを有酸素的代謝で得ている（図 7.1）．時間を基準に考えると，軽い運動でも運動開始直後は酸素の供給量が十分でなく，この期間は無酸素的代謝でエネルギー供給が補われる．なお，この運動初期の酸素不足分は，運動終了後の余分な酸素取込で補償されるが，この関係を酸素負債という．いわゆる無酸素運動と呼ばれる運動でも有酸素的代謝は完全にストップしているわけでは

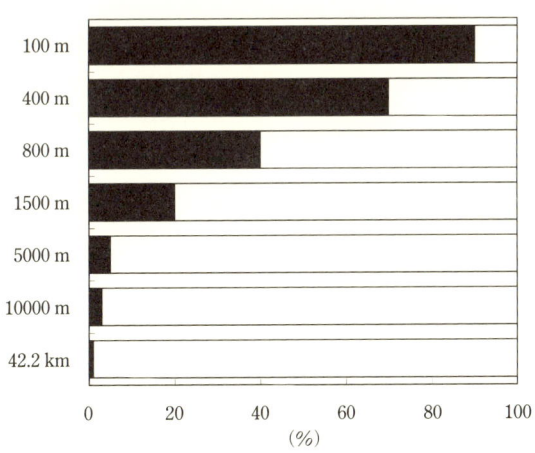

図 7.1 距離の異なる陸上競技における総エネルギー産生量の中で無酸素的代謝と有酸素的代謝が占める割合
（引用文献 1，p.30 より改変）

なく，寄与率が低いだけである点に注意する必要がある．

b. 有酸素的代謝におけるエネルギー基質の選択

有酸素的代謝についてもう少し詳しく説明する．この過程で中心となるエネルギー基質は糖質と脂肪である．タンパク質の分解は一般に運動中のエネルギー源としてあまり利用されず，全体の10%に満たないといわれている．糖質，脂肪が有酸素的代謝を経る場合，すべてアセチルCoAと呼ばれる物質に変えられ，**TCA回路**（TCA cycle）と呼ばれる循環した反応経路で，水と二酸化炭素まで完全に酸化される．TCA回路はクエン酸回路，クレブス回路，トリカルボン酸回路とも呼ばれる．そして酸化的リン酸化と呼ばれる反応と同時進行し，生体内に貯蔵されたエネルギー基質から効率よくATPを合成する．

糖質は**グリコーゲン**（glycogen）と呼ばれるグルコースが多数連なった形態で貯蔵され主に肝臓と筋肉に蓄えられる．一方脂肪は主に白色脂肪組織に**トリグリセリド**（triglyceride）の形態で貯蔵され，糖質に比べ単位重量あたりのエネルギーが大きく，貯蔵量の限界が糖質に比べ著しく高いという特徴がある．肥満は脂肪を多量に貯蔵している状態である．ここで糖質と脂肪の貯蔵量を比較するための好例をあげる．体重70 kg体脂肪率15%の人間が，フルマラソンを生体内に貯蔵された糖質だけで行うとすると折り返し点を少し過ぎたあたりで力つきてしまうが，体脂肪だけを燃料とすれば30回以上繰り返し走ることができる．脂肪は糖質に比べいかに多量に蓄えられているか（言い換えれば糖質がいかに少ないか）よくわかる．一般に持久系の競技では，この限られた糖質をいかに温存できるかが勝負の分かれ目となる．

1) 運動強度によるエネルギー基質利用の違い　比較的高強度の持久運動では糖質，特に筋肉中グリコーゲンの利用が高いことがわかっている．これは運動強度が高いほど，筋肉から血中に放出される乳酸量が多いことからも示される．筋肉グリコーゲン分解による無酸素的，有酸素的代謝は，どちらも脂肪を利用するよりはるかに速い速度でATPを供給することができるためである．ほかに運動強度の増加に並行して，筋肉内に**アセチルカルニチン**（acetyl carnitne）が蓄積することが報告されている．アセチルカルニチンは，遊離カルニチンから生成されるので，アセチルカルニチンの増加は遊離カルニチンの減少を招く．カルニチンは脂肪酸酸化に必要な物質であることから，高強度運動時の脂肪利用の低下

に関与している可能性が示唆されている．

2） 持久運動時の運動時間に伴うエネルギー基質利用の変化 中程度から低強度の持久運動中においては，脂肪酸化によるエネルギー供給の寄与も増加してくる．このとき，ATP供給速度が脂肪酸化でも十分に補える場合，生体はどちらのエネルギー基質を利用するのだろう．実際に呼吸商やエネルギー基質濃度の測定などから，時間経過に伴い，エネルギー源となる基質が糖質から脂肪へ徐々にシフトすることが古くから知られている（図7.2）．この糖質と脂肪の利用の調節は複雑であり，現在まで解明されていないようであるが，アセチルCoA生成以降は糖質と脂肪は共通の経路（TCA回路）をたどることから，アセチルCoA生成以前にその調節段階がなければならないのは明らかである．ここではこの調節に関わる諸説を紹介する．

i） ピルビン酸脱水素酵素複合体および解糖系酵素による調節（グルコース-脂肪酸回路） ピルビン酸脱水素酵素複合体（pyruvate dehydrogenase complex, PDH）はミトコンドリア内膜に局在する三つの酵素の複合体である．その活性は数種のアロステリックエフェクターやホルモンの作用によって調節されている．ATP/ADP比やアセチルCoA/CoA比，NADH/NAD$^+$の比が増加すると，PDHキナーゼが活性化され，PDHはリン酸化され不活性化する．逆にこれらの比が減少したり，ピルビン酸存在下ではPDHキナーゼが不活性化され，PDHは活性化する．つまり脂肪の酸化によるアセチルCoAとNADHの蓄積は，活性型PDH量を減少させ，その結果糖質の酸化を抑制するということが広く受け入れ

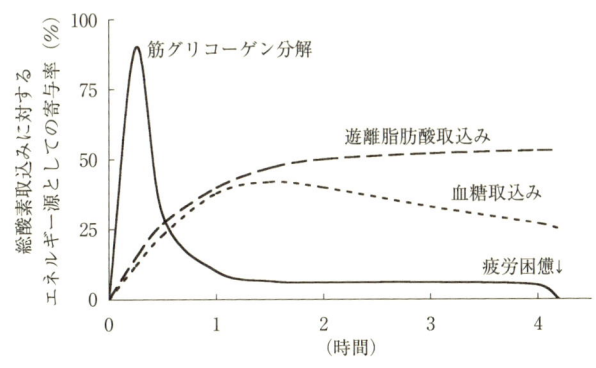

図7.2 持久運動中のエネルギー源の推移（引用文献2より改変）

られている．さらに多量のアセチル CoA からクエン酸が過剰に産生され，解糖系のホスホフルクトキナーゼの活性が抑制される．その結果，蓄積したグルコース 6-リン酸（G6P）の上昇によってヘキソキナーゼの活性も抑制されることでグルコース酸化が抑制されることが 1964 年 Randle の提唱した**グルコース-脂肪酸回路**（glucose-fatty acid cycle）である（図 7.3）．最近では脂肪酸によりインスリンのシグナル経路が阻害されることが報告されており，脂肪酸は糖取り込みも阻害し糖の利用を抑制していると考えられる．しかしながら，このグルコース-脂肪酸回路はヒトの安静時では機能しているが，最大下運動時で PDH 活性に差がないにもかかわらずエネルギー基質利用の変化が観察されたことから，運動中では機能していないという意見もある．また，そもそもこの機構だけでは，PDH 調節の前段階である脂肪酸酸化由来のアセチル CoA 蓄積の増加を説明することができない．

ii）**マロニル CoA と AMPK による調節**　　脂肪酸生合成では，まず最初に細胞質内でアセチル CoA がアセチル CoA カルボキシラーゼ（ACC）により**マロニル CoA**（malonyl CoA）に合成される．マロニル CoA は，カルニチンパルミトイルトランスフェラーゼ（CPT）1（脂肪酸をミトコンドリアに取り込む際に

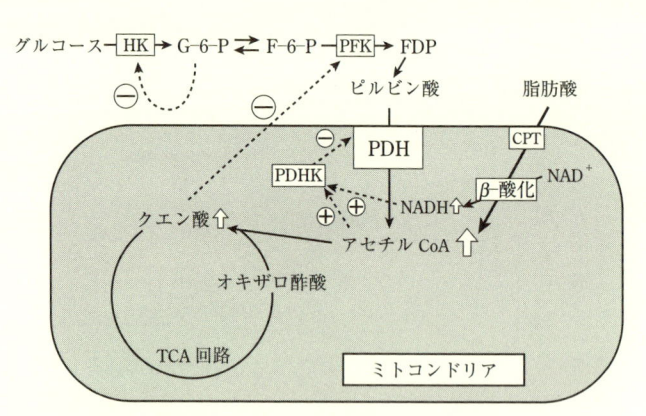

図 7.3　グルコース-脂肪酸回路の模式図
脂肪酸酸化の増加が糖質の酸化を抑制する．
G-6-P：グルコース 6-リン酸，F-6-P：フルクトース 6-リン酸，FDP：フルクトース 1, 6-二リン酸，PDH：ピルビン酸脱水素酵素複合体，CPT：カルニチンパルミトイルトランスフェラーゼ，HK：ヘキソキナーゼ，PFK：ホスホフルクトキナーゼ，PDHK：ピルビン酸脱水素酵素キナーゼ

必要な脂肪酸酸化の律速酵素）の強力な阻害剤であることが知られている．ラットでは肝臓中，骨格筋中のマロニル CoA は最大下運動により経時的に低下することが知られており，これは脂肪酸の酸化増加と一致する．マロニル CoA の運動に伴う低下の原因は未解明のままであったが，近年運動に伴い活性が上昇する **AMP-activated protein kinase**（AMPK）と呼ばれるリン酸化酵素が ACC を不活性化することがわかった．以上のことから，運動により骨格筋・肝臓の AMPK の活性が上昇，ACC が不活性化しマロニル CoA 量が低下，骨格筋・肝臓中の脂肪酸酸化が増加するという図式が成り立つ（図 7.4）．しかしながらヒト骨格筋のマロニル CoA 濃度はラットに比べて低く運動中の変化が少ないことと，ラットにおいても本来脂肪利用が少ない高強度の運動でもマロニル CoA 量が減少することから，マロニル CoA の作用にはいくつかの疑問点が残る．一方，AMPK には糖取込みも増加させる作用が知られている．さらに AMPK は AMP/ATP 比の上昇により活性が増加し，これはおそらく PDH も活性化する条件（ATP/ADP 比低下）であることから，このとき糖質利用の抑制は起こらないはずである．AMPK は糖質利用，脂肪利用共に活性化する因子と考えられる．したがってマロニル CoA および AMPK が糖と脂肪利用バランスの調節因子かどうかは現段階では判断できない．

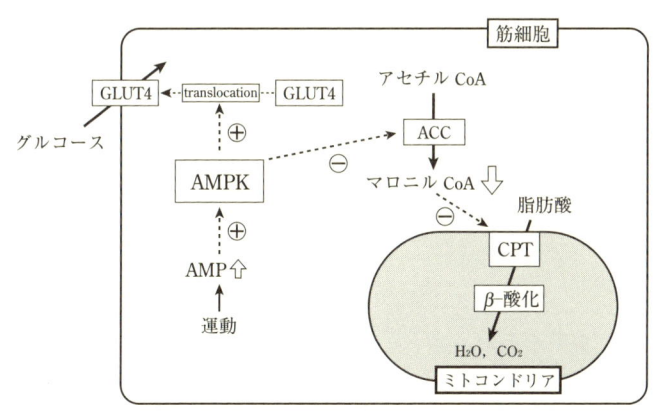

図 7.4 マロニル CoA と AMPK によるエネルギー代謝調節の模式図
AMPK：AMP-activated protein kinase，ACC：アセチル CoA カルボキシラーゼ，CPT：カルニチンパルミトイルトランスフェラーゼ，GLUT4：グルコース輸送担体 4 型

iii) 神経筋接合部位による調節　近年，骨格筋を支配する運動神経から神経の興奮に呼応して放出される**カルシトニン遺伝子関連ペプチド**（calcitonin gene-related peptide, CGRP）がグリコーゲン合成を抑制し，グリコーゲン分解と乳酸の生成を促進することが *in vitro* で示された．最大下運動時，神経からのCGRP放出が次第に低下し，運動中の糖質利用を抑制している機構が考えられるが，詳細は今後の研究を待たねばならない．

c. 臓器間相互作用

ここまでは運動中のエネルギー基質利用に関し，骨格筋細胞内の変化として述べてきた．しかしエネルギー基質の利用は生体全体の反応の結果である．それにもかかわらず，運動中のエネルギー基質利用に関して，臓器間の相互作用に着目して論じた報告は少ないようである．ここでは運動中の臓器間相互作用について，古くから知られている機構について簡単に述べる．

1) グルコース-脂肪酸回路　先に述べたグルコース-脂肪酸回路は，筋肉と脂肪組織の相互作用ともいえる．この機構は明快であり，脂肪組織から骨格筋への脂肪酸流入の増加が，骨格筋の糖利用を抑制するものである．

2) Cori回路とグルコース-アラニン回路　運動時，骨格筋でグルコースが解糖経路を経て生じる乳酸は，血液を介し肝臓に運ばれ，糖新生経路によりグルコースに変えられ，再び血中に放出され各組織で利用される（Cori回路，Cori cycle）．運動時，ピルビン酸にアミノ基が転移され生成したアラニンは筋肉細胞から放出され，血液を介し肝臓に移行する．アラニンは糖新生によりグルコースに変換され，再び血中に放出され各組織で利用される（グルコース-アラニン回路，glucose-alanine cycle）．この両者の回路はいずれも筋肉と肝臓の相互作用を表したものである．ちなみに骨格筋から放出される乳酸もアラニンも運動強度が高いほど多く放出されることがわかっている．

3) ホルモン　運動時には，各器官からさまざまなホルモンが分泌される．ホルモンはある臓器が血液を通じて離れた臓器に送る信号と考えられるため，臓器間相互作用の典型であろう．しかし，骨格筋の糖と脂肪利用に関し，明確な作用をもつホルモンはないようである．ほとんどのホルモンは，糖質と脂質代謝両方に影響することが知られているが，糖質と脂質のバランスを考慮し量的に解析した報告はないようである．もちろん最初に述べたように運動はさまざまなホル

モンを同時に多数変動させ，血流も組織によって変化するので，運動中のホルモンの作用機構を解析するのは容易なことではない．運動中増加する代表的なホルモンを挙げると，**アドレナリン**（adrenaline），**ノルアドレナリン**（noradrenaline），**副腎皮質刺激ホルモン**（ACTH），**成長ホルモン**（GH），**コルチゾール**（cortisol），**グルカゴン**（glucagon）などが知られている．運動中減少するホルモンは**インスリン**（insulin）以外はあまり知られていない．

7.2 運動時における各臓器のエネルギー代謝応答

運動はその動力源である骨格筋に影響を大きく与えることはいうまでもないが，**エネルギー代謝**（energy metabolism）の観点から考えると，肝臓・腎臓などの内臓器，脂肪組織，脳，呼吸循環器系などにも大きな影響を与える．今節では，骨格筋以外の各部位が運動に応じていかにエネルギー代謝に対して貢献しているか述べたい．

a. 肝　　臓

肝臓（liver）は，臓器の中で最も大きい臓器である．体重の2.6%前後の重量であるにもかかわらず，安静時での全身酸素消費量の21%は肝臓が占める．このことから，肝臓の活動が身体のエネルギー代謝においてどれだけ重要かわかるであろう．

一方，運動時，エネルギー消費以上に，肝臓はエネルギー産生において重要な役割を担っている．たとえば，**グリコーゲン分解**（glycogenolysis），**糖新生**（gluconeogenesis）によるグルコースの供給，**脂肪酸**（non-esterified free acid）の**β酸化**（β-oxidation）による**ケトン体**（ketone body）放出などが主にあげられる（図7.5）．

1) 肝臓によるグルコース産生　血糖調節に大きな比重を占めるグルコース産生は短期的には肝グリコーゲン分解により，長期的には肝臓におけるグルコース以外の基質（乳酸，アラニン）からの糖新生によって営まれる．グルコース6リン酸（G6P）をグルコースに変換する酵素（グルコースホスファターゼ）は，肝臓に多く存在する．つまり，血糖値調節に占める肝臓の貢献度はきわめて高いといえよう．血糖値に応じて肝臓はグルコースを放出したり，取り込んだりすることから，一種の"恒糖器"といえる．この恒糖機構は**視床下部**（hypothala-

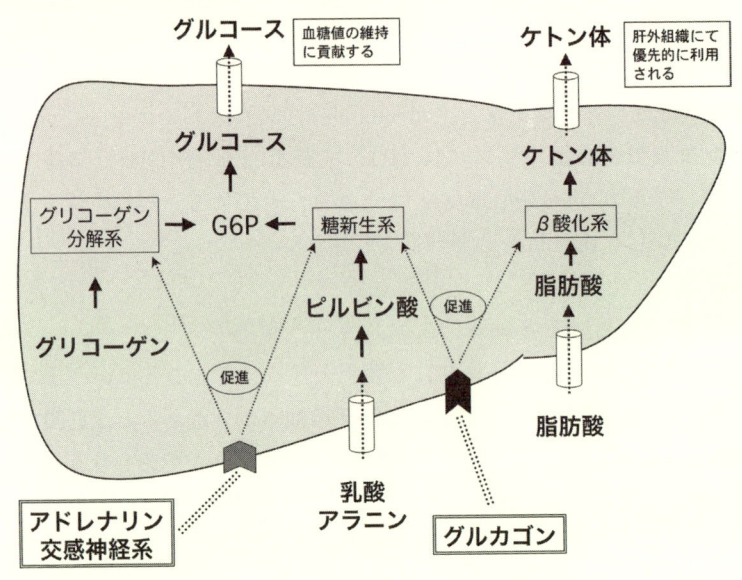

図7.5 肝臓におけるエネルギー供給の模式図

mus)-**自律神経系**（autonomic nervous system）を介した直接的な作用と，副腎髄質から放出されるアドレナリンや膵臓から放出されるインスリンやグルカゴンを介した間接的な作用の両者によって調節される．

運動時においては，血糖値の低下を防ぐため，こうした機構が即座に応答してグルコース産生系へと作動し，血糖値を一定レベルに保っている．

 2) **肝臓によるケトン体産生**　　肝細胞は脂肪酸の β 酸化活性が最も強く，血中の遊離脂肪酸は肝細胞に取り入れられ，そこで β 酸化を受け，肝自身のエネルギーとしても一部利用されるが，大部分はケトン体となって再度血中へ放出される．血中のケトン体は，他のどのエネルギー基質より優先して肝外組織へ取り入れられ，β 酸化されたのち**アセチル CoA**（acetyl-CoA）となり，ただちにミトコンドリアで燃焼される最もすぐれた燃料基質である．特に脳（brain）ではグルコースに変わる燃料としてその役割は大きい．

 3) **運動と肝臓による燃料産生**　　持久的運動において，肝臓が産生する燃料の中心となるのは，運動初期ではグルコースである．運動を継続すると，時間経過とともにケトン体へと移行すると考えられる．

b. 脂肪組織

平均的な成人において体重の約20%前後を占めているにもかかわらず，**脂肪組織**（adipose tissue）の消費する酸素量は総酸素消費量のわずか5%程度にすぎない．

エネルギー貯蔵の面からみると，トリグリセリドは最も効率の良いエネルギーであり，実際にトリグリセリド1gの酸化によって生じる熱量は9.3 kcalであり，糖質，タンパク質（各約4 kcal/g）より効率のよい基質といえる．また，グリコーゲンと違って，貯蔵の際，結合水を必要としないので，貯蔵脂肪のほぼ100%が脂肪そのものである．脂肪細胞ではトリグリセリドの加水分解とエステル化による再合成が常に行われており，この二つの過程の進行具合によって，血中への脂肪酸や**グリセロール**（glycerol）の供給が左右される．

運動時における脂肪組織はエネルギー供給源としての役割が大きく，特に低強度から中強度（65% V_{O_2max} 程度）での運動時には重要である．運動時，脂肪組織のトリグリセリド分解反応は，血中カテコラミン（特にアドレナリン）がその中心的役割を果たし，グルカゴン，コルチゾル，ACTHなどはカテコラミンに許容的に働き脂肪分解を促進しているのではないかと考えられている．また，交感神経系による神経性調節も存在する．中程度の運動により，血中アドレナリンおよび交感神経終末から放出されるノルアドレナリンがβ受容体を刺激し，**ホルモン感受性リパーゼ**（HSL）が活性化され，トリグリセリド分解が促進される（図7.6）．結果，血中への血中脂肪酸，グリセロールの放出が高まり，両者はエネルギー基質として肝臓，骨格筋で利用される．

絶食などで血糖値が低下した際には，グルカゴンがHSLを活性化して，トリグリセリド分解を促進する．

c. 心　　臓

心臓（heart）は心筋から構成され，安静状態での心臓エネルギー消費量は全身の約9%であるが，組織重量当たりのエネルギー消費量は骨格筋に比べて著しく大である．運動により心拍数，心拍出量の増加とともに，酸素消費も増大する．心臓の循環機能は自律神経系によって巧みに調節され，血液流量，肺機能と密接に関係しており運動能力に寄与する．

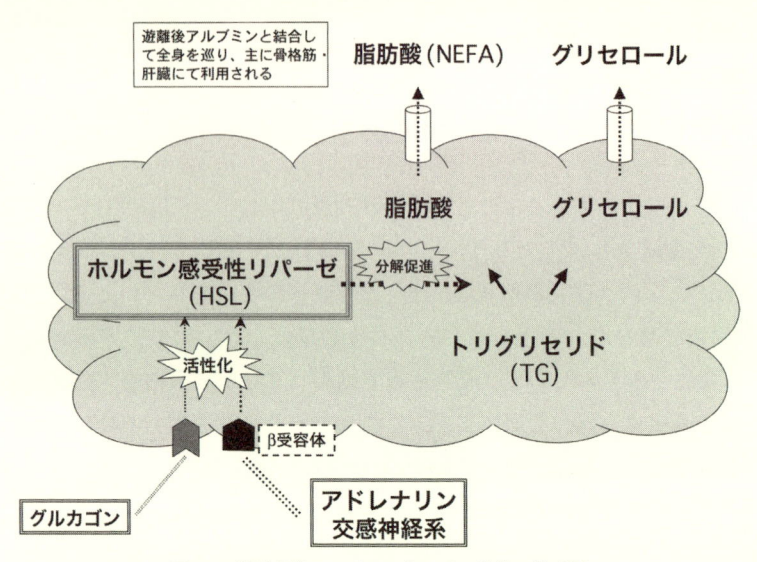

図 7.6 脂肪細胞におけるエネルギー供給の模式図

d. 副腎髄質

副腎髄質（adrenal medulla）から放出される**カテコラミン**（catecholamine）にはアドレナリン，ノルアドレナリンおよびドーパミンがある．これらは副腎髄質から放出されるがその大部分はアドレナリン（80% 以上）であり，運動中に放出されるアドレナリンはすべて髄質由来に限定される．他方，ノルアドレナリンの大部分は交感神経終末から放出される．ノルアドレナリンの 90% 以上が，シナプス小胞内に貯蔵され，神経終末の脱分極による細胞内 Ca^{2+} 濃度の増加で遊離する．運動強度，時間により，両者の放出量が変化する．

カテコラミンは肝臓，骨格筋，脂肪組織における燃料代謝に関連しており，特に運動時に非常に重要な役割を果たす．

e. 膵　臓（膵内分泌）

膵臓（pancreas）のランゲルハンス島 α 細胞からグルカゴンが，β 細胞からインスリンが分泌される．グルカゴンは肝グリコーゲン分解，糖新生促進，ケトン体生成，脂肪分解作用をもっており，インスリンは骨格筋・心筋・脂肪へのグルコース取込促進，糖新生抑制，脂肪酸合成促進作用を有している．運動によってグルカゴンの分泌は促進し，運動中の血糖保持に貢献している．また，運動によ

りインスリンの分泌は抑制される．

f. 腎　　臓

エネルギー産生臓器としての腎臓（kidney）をとらえると，糖新生機能を有する臓器といえる．G6Pをグルコースに変換する糖新生最終酵素であるグルコースホスファターゼは肝臓のみならず腎臓にも存在する（肝に90％，腎に10％）．運動時，骨格筋において生じて血中へ放出された乳酸は肝臓のみならず腎臓へも運ばれ糖新生経路に入り，血糖値調節に貢献する．

g. 胃（stomach）（胃分泌）

膵外分泌同様，低強度運動では影響は少ないが，高強度の運動では胃酸分泌が抑制される．

h. 消化管（gastrointestinal）（消化管運動）

食道の蠕動運動は運動強度の増加とともに抑制され，胃排出は，低強度運動時において促進，高強度運動時には遅延するといわれている．小腸においてはいまだ不明である．運動は大腸運動を促進するとされており，運動の休止により蠕動運動が運動前より強くなるという．消化吸収に関しては，運動により低下するか影響がないかいまだよくわかっていない．

i. 脳

脳の重量は体重の約2％程度であるが，脳のエネルギー消費は全身の総エネルギー消費量の約20％を占めている．これは，体重の約40〜50％を占めている骨格筋のエネルギー消費量と同程度である．脳がより多くのエネルギーを要求する理由として，脳は睡眠時でさえも機能している高次の情報中枢機構であり，電気化学的あるいは分子レベルでの活動，精神活動においてエネルギーが必要であることが考えられる．

安静時，脳は燃料としてグルコースを利用する．通常，末梢血液のグルコースがニューロン（神経細胞）に直接取り込まれ，解糖系，TCA回路を経て神経活動のエネルギー源であるATPが産生される（図7.7）．

運動と脳でのエネルギー代謝との関係についてこれまで不明な点が多かったが，最近数多くの研究報告がある．緩やかな運動によっても，脳全体でのエネルギー代謝変化は見られない．しかし，運動強度が上昇するにつれ脳が要求する酸素量は増大する．運動強度が高まると，末梢血液中のグルコースはアストロサイ

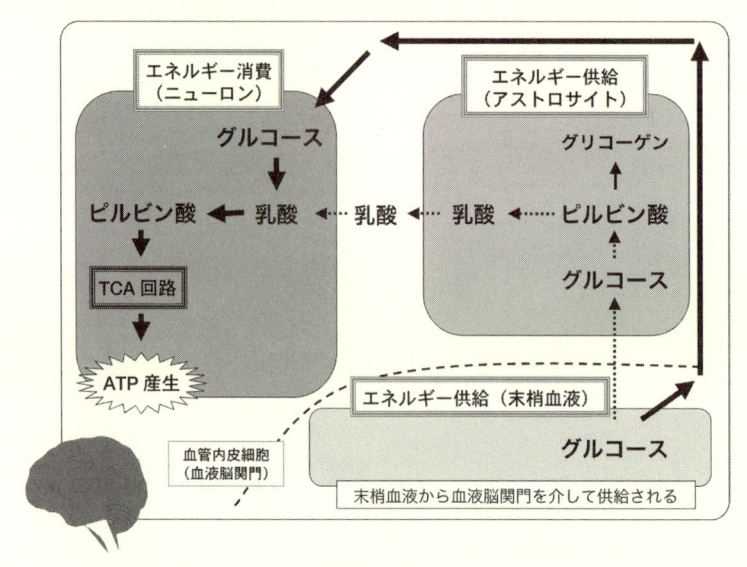

図 7.7 脳における安静時のエネルギー代謝の模式図

ト(ニューロンへエネルギーを供給する細胞)へ取り込まれ,解糖系により乳酸へと変換され放出される(図 7.8).さらに,近年の研究により脳にも(主にアストロサイト)グリコーゲンが存在し,脳でのエネルギー代謝に深く関与していることが示されている.脳が活性化されると,脳のグリコーゲンから乳酸が放出され,ニューロンで速やかに利用される.ニューロンにおいて乳酸はグルコースより効率良く利用され,特に,神経機能の維持に重要であることもわかっている.実際に,高強度運動時には脳におけるグルコース取り込みが低下し,乳酸が積極的に取り込まれエネルギー源として利用されていることが PET を用いたヒトにおける実験においても示されている.高強度運動は筋肉から乳酸を放出させ,末梢血液中の乳酸濃度を上昇させることはよく知られていることであろう.運動時に,末梢血液中で増加した乳酸が血液脳関門を通過し,ニューロンで速やかに取り込まれて利用されているかもしれない.今後の研究に期待がかかる.これらの機構は生体にとって一番重要な基質であるグルコースを節約する意味においても合理的な調節であるといえる.

ケトン体は,絶食時に脳でも燃料として利用される.長時間運動時において,ケトン体の利用割合が増加することも報告されているが,詳細は明らかになって

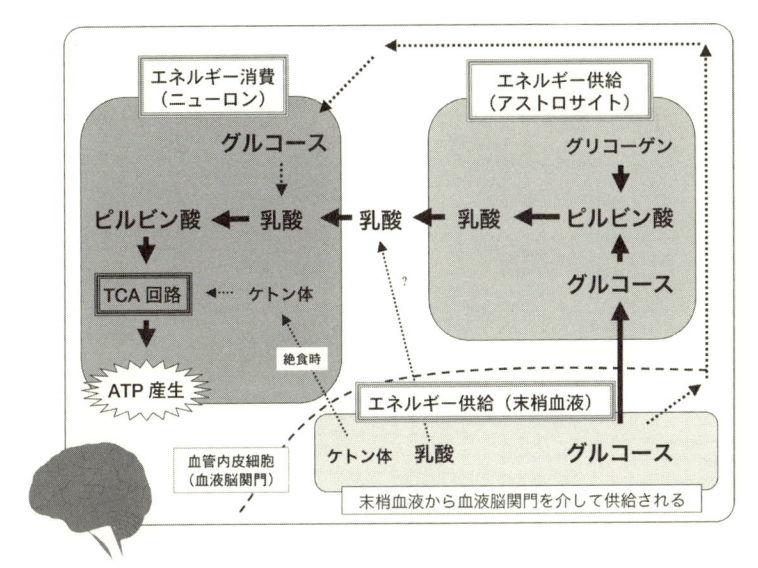

図7.8 脳における高強度運動時のエネルギー代謝の模式図

いない.

脳は身体全体を常にモニターしている高次中枢であるため，燃料の枯渇が許されない組織であり，幾重もの機構によって巧みな調節を受けている.

7.3 中枢神経系によるエネルギー代謝調節制御機構

今節では末梢エネルギー代謝調節に**中枢神経系**（central nervous system, CNS），特に視床下部が自律神経系，**内分泌系**（endocrine system）を介して深く関与していることを統括的に述べたい.

a. 脳の中の視床下部

動物のホメオスタシスは，内的および外的環境の変化に対応して全身の細胞・臓器の機能を変動させることによって維持されている．それらを全体としてモニターし，統轄しているのが脳である．全身エネルギー代謝のホメオスタシスは臓器と脳，特に視床下部との間で情報を交換することによって維持されている．

視床下部には末梢からの信号を受容・統合した後，適切に情報処理された新たなシグナルを発信するといった基本機構が備わっている．視床下部は脳の最深部に位置し間脳の腹側部に存在し，そこにはいくつかの神経核があり，位置ならび

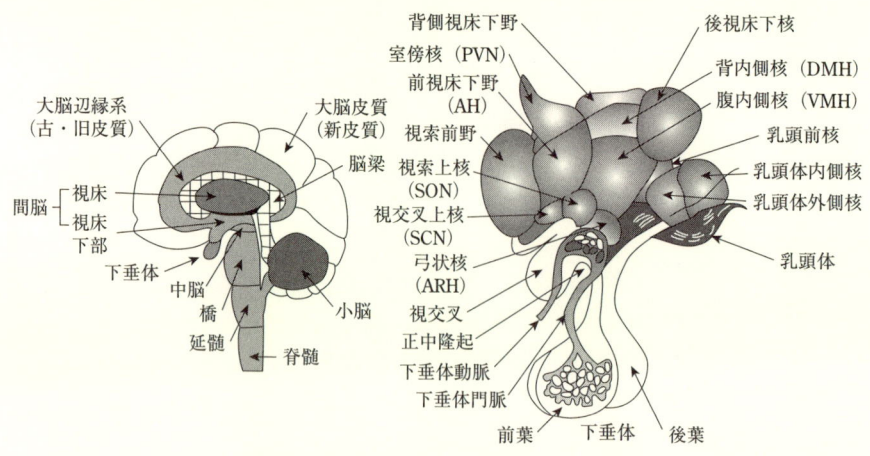

図 7.9 中枢神経と視床下部神経核・脳下垂体
（引用文献 3, p.3 より引用）

に機能の面から内側と外側に大別することができる（図7.9）．内側には後述する自律神経機能や内分泌機能に直接関わる諸核が存在し，腹内側核（VMH），室房核（PVH）などがエネルギー消費に関与する．外側（LH）にはこの部位を通過する各種の神経繊維と大型の神経細胞から構成され，エネルギー貯蔵に関与する．

b．視床下部の自律神経機能と内分泌機能

1) 自律神経機能 自律神経系は交感神経系，副交感神経系から成り立っており，体性神経系と並んで末梢と脳をつなぐ神経情報経路として重要であり，その上位中枢は視床下部にある．VMHおよびPVHのニューロンから発した神経繊維はいくつかのニューロンを介し肝臓や膵臓，副腎，脂肪組織などを交感神経性に支配する（図7.10）．一方，LHのニューロン繊維は迷走神経（副交感神経系）を介し内臓臓器に分布する．

2) 内分泌機能 視床下部は直下の脳下垂体と神経性および脈管性に繋がっておりその内分泌機能を調節する．その全容を図7.11に示す．さらに，視床下部は，末梢血中ホルモンが視床下部の機能を抑制するというフィードバック制御の中心的役割も担う．

このように，視床下部は自律神経中枢，および内分泌中枢として両者の機能を巧みに統合しながら全身エネルギー代謝の調節に要の役割を演じている．

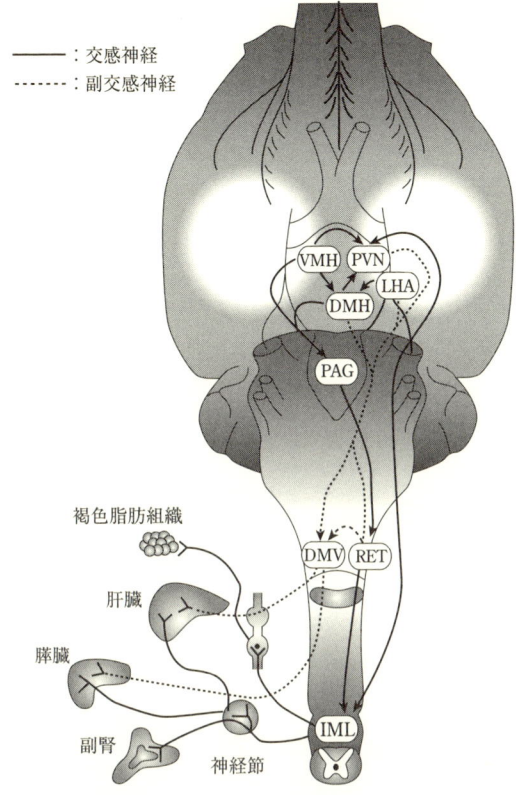

7.3 中枢神経系によるエネルギー代謝調節制御機構

────：交感神経
┄┄┄┄：副交感神経

図7.10 視床下部から自律神経系への経路
VMH：腹内側核，PVN：室傍核，LHA：外側野，DMH：背内側核，PAG：中脳中心灰白質，RET：延髄網様体，DMV：迷走神経背側核，IML：中間質側核
(引用文献3, p.5 より引用)

c. 末梢エネルギー代謝における直接的な神経性調節

　大部分の臓器は交感神経と副交感神経の拮抗的な二重支配を受けているが，その比率は臓器によって異なる．たとえば，心臓，胃腸には両神経が豊富に分布するが，褐色脂肪組織や脾臓などは交感神経が主に支配している．交感神経系は主に緊急事態に対処するための神経であり，ストレス，怒りに応じて貯蔵エネルギーを動員して闘争や逃亡に必要な運動器官にエネルギーを供給する．一方，副交感神経は回復過程あるいは休息時に働く神経で，胃腸機能の促進，心拍減少，血圧低下を伴ってエネルギーの節約と補給を助ける．肝臓，脂肪組織，骨格筋の糖

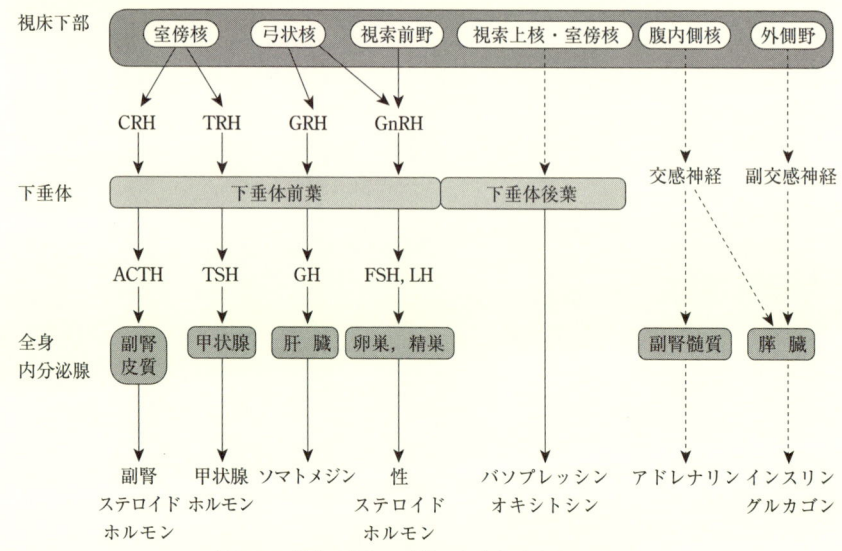

図 7.11 視床下部と下垂体,全身内分泌腺との関係

CRH:コルチコトロピン放出ホルモン,TRH:チロトロピン放出ホルモン,GRH:成長ホルモン放出ホルモン,GnRH:ゴナドトロピン放出ホルモン,ACTH:副腎皮質刺激ホルモン,TSH:甲状腺刺激ホルモン,GH:成長ホルモン,FSH:卵胞刺激ホルモン,LH:黄体化ホルモン

視床下部から下垂体前葉に対しては,図示した以外にも,ソマトスタチンやドーパミン,GnRH関連ペプチドが作用して,各種ホルモンに対して抑制的に作用したソプロラクチン分泌を調節している.点線は神経経路を示す.
(引用文献2, p.7より引用)

ならびに脂肪代謝に及ぼす自律神経の直接的な制御作用の存在は嶋津らのグループ,坂田らのグループによって証明されている.これらの研究の一部を紹介したい.

1) 肝臓における神経性調節 嶋津らは電気的・化学的刺激実験により,VMH–交感神経系が興奮するとホスホリラーゼが活性化され肝臓のグリコーゲン分解が促進し,またグルコースホスファターゼをも活性化させて糖新生も促進させた結果,血中グルコース濃度が増大すること,さらには骨格筋での解糖が亢進することを見いだした.一方,LH–副交感神経系が優位になると,上述した機構が抑制されると同時に,グリコーゲンシンターゼが活性化されグリコーゲン蓄積が進むことも発見した.肝臓における神経性グルコース代謝調節を図7.12にまとめた.こうした現象が発見される以前は,血糖値のホメオスタシスはホルモン

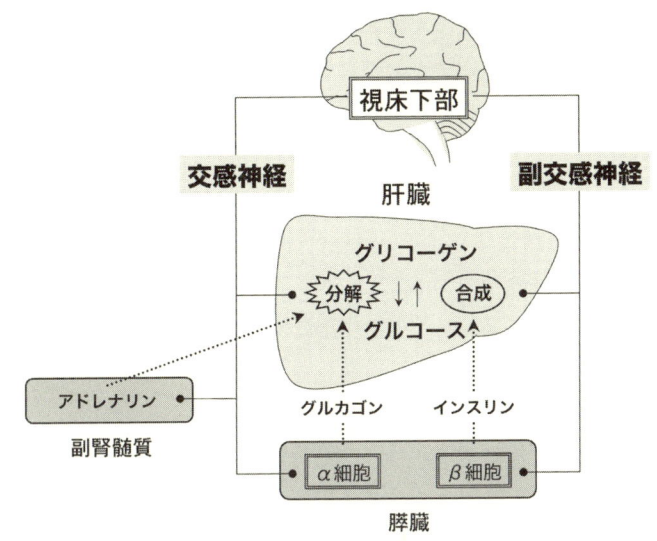

図7.12 肝臓におけるエネルギー代謝の神経性調節

作用による調節が主流であると考えられていた．そのため，神経系による臓器への直接的な代謝調節作用の存在は見過ごされていた．すなわち，これらの研究結果は画期的な発見であったといえよう．

2) 肝外組織における神経性調節　嶋津，斉藤らは，脂肪代謝，脂肪動員，つまり遊離脂肪酸とグリセロールの血中への放出についても VMH-交感神経系の直接的作用があることを発見した．交感神経が豊富に分布する褐色脂肪においても，脂肪分解，熱産生を直接活性化することが見いだされた．さらに，骨格筋や心筋，褐色脂肪におけるグルコースの取込み・利用が選択的に VMH を頂点とする交感神経を直接的に介して著しく促進するという発見がなされた．グルコース取込み上昇機構として細胞表面に存在する $\beta 3$ 受容体を介していると考えられており，ノルアドレナリンの $\beta 3$ 作用は GLUT4 の細胞膜への移行を促すのではなく，もともと細胞膜上に存在する GLUT1 のグルコース輸送活性を高めることに依存していることが明らかとなった．

脂肪細胞から分泌され視床下部に強く作用し，生体のエネルギー代謝調節に深い関わりをもつ**レプチン**（leptin）を視床下部に投与しても同様にグルコース取込みが上昇する．この結果から，レプチンは交感神経系を活性化して骨格筋，心

筋，褐色脂肪組織での糖代謝を亢進させていることが明らかとなった．

3) 交感神経系を介したレプチンによる脂肪酸酸化作用　これらの知見に加えて，最近，箕越らはレプチンの中枢作用が交感神経を介して骨格筋（赤筋）における脂肪酸のβ酸化を促すことを明らかにした．このレプチンのシグナル伝達にはAMPK（図7.4）が関与している．レプチンは交感神経のα作用を介して筋細胞内のAMPKを活性化し，リン酸化によりACCを不活性化させる．その結果，脂肪酸酸化の鍵物質マロニルCoA含量が低下し，脂肪酸酸化の亢進が引き起こされる．つまり，レプチンの中枢作用は交感神経系を介して骨格筋における糖代謝のみならず，脂肪酸の酸化も促進して生体のエネルギー消費を活発にする働きを営むといえる．

4) 交感神経系を介した脳内ヒスタミンニューロンによる脂肪代謝亢進作用
坂田，吉松らは脳内ヒスタミン含有ニューロンによってエネルギー代謝，特に脂質代謝亢進作用を見いだしている．後部視床下部の**結節乳頭核（TMN）**に局在するヒスタミン神経系は脳内のほぼ全域にその含有神経線維を送っており，視床下部ではVMHやPVHに密な神経投射が見られる．ヒスタミンニューロンを介したエネルギー代謝には二つの作用が見られることがわかっている．一つは，VMH，PVHへの投射によるH1受容体を介した食欲抑制に関わる系である．もう一つは，PVH，DMHを介し，交感神経賦活化を介した末梢でのエネルギー消費を促進する系であり，内臓脂肪分解と褐色脂肪での脱共役機能を亢進させる働きがある．これらの結果は視床下部内への微量注入実験，交感神経の電気生理学的実験，脂肪組織から放出されるグリセロールを測定する *in vivo* microdialysis法を用いた実験から明らかにされている．さらに，β受容体遮断薬投与でこれら効果が消失することが示されており，交感神経系の関与を強く裏付けている．ヒスタミンニューロンの賦活化は脂肪分解作用の亢進だけでなく，脂肪合成の抑制も引き起こすことも見いだされており，これらの効果が相まっているものと考えられる．

d. 末梢エネルギー代謝における間接的な内分泌性調節

自律神経とは別に，視床下部からの出力は脳下垂体ホルモンによって，直接あるいは下位の内分泌臓器を介して間接的に全身の臓器に伝えられる．けれども，視床下部-下垂体-副腎皮質のような下垂体ホルモンによる系とは異なり，副腎

髄質や膵臓からのホルモン分泌は下垂体ホルモンによる支配は受けない．副腎髄質は発生学的見地からみても，進化過程上で交感神経節が分化した組織であり，自律神経機能の一部である．また膵臓ラ島細胞には交感神経，副交感神経が豊富に支配しておりインスリン，グルカゴンのホルモン分泌調節に加担する．

以上のように視床下部からの自律神経による出力とホルモンによる出力はそれぞれ個別に機能しているのではなく，互いにクロストークを行いながら協調的あるいは拮抗的に末梢の標的臓器を支配することになる．

7.4　中枢神経系による運動時のエネルギー代謝調節機構

7.1 節では，運動時のエネルギー代謝調節における末梢組織内の機構について述べたが，決定的な調節機構は現在まで提示されていない．一方 7.3 節では中枢神経系による安静時のエネルギー代謝調節を中心に紹介したが，これらの機構が安静時だけでなく運動時にも作用していることは十分に想定できる．しかしながら運動中は糖質と脂肪などの基質利用はダイナミックに変動するが，いずれの機構もこのエネルギー代謝調節を満足に説明しえない．中枢にはまだほかにもさまざまなエネルギー代謝調節機構を有している可能性が高い．その一つの可能性を以下に示す．

a.　脳内 TGF-β による運動中のエネルギー代謝調節

Yamazaki らは持久的な遊泳運動を課したラットの脳脊髄液で transforming growth factor（TGF）-β と呼ばれるサイトカインの活性が上昇すること，一方，安静状態のラット脳内に TGF-β を投与すると，運動時と同様に脂肪酸酸化の増加が引き起こされ（呼気ガス分析），肝臓の脂肪分解の指標である血中ケトン体が上昇することを見いだした[4]．伏木らのグループはこの研究を発展させ，抗体により脳内 TGF-β の作用を阻害するとトレッドミル運動中の脂肪燃焼が抑制されることを見いだした[5]．また，脳内 TGF-β の作用に関し，肝臓と骨格筋，脂肪組織のそれぞれの代謝を血中成分から解析した．ラットの右心房血，左右の大腿静脈合流位の下大静脈血（下肢筋と脂肪組織の静脈血を反映すると考えられる）および肝静脈血から同時に採血し，右心房血と下大静脈血との差は骨格筋と脂肪組織を合わせた基質の動態を示し，肝静脈血との差は肝臓での基質の動態を示していると考えた．結果，TGF-β 脳内投与群において，脂肪組織からの遊離

脂肪酸の動員および肝臓からのケトン体放出が増加する傾向が投与直後からみられた．下肢筋に電気刺激を加えた条件（運動モデル）と比較すると，刺激開始後10分以降に見られる脂肪組織からの脂肪酸の動員および肝臓での β 酸化亢進によるケトン体放出の増加と類似した変化であった．一方で TGF-β 投与により血糖や血中乳酸といった糖質パラメータに大きな変化は見られなかった．さらに TGF-β 投与により，肝臓，骨格筋のマロニル CoA が低下することもわかった．以上の結果より，脳内 TGF-β は持久運動の際に脂肪組織の脂肪酸放出を亢進させるとともに，肝臓に働きかけケトン体生成を促進し，骨格筋をはじめとした肝外組織にエネルギー基質としてケトン体を提供していると予想された（図7.13）．

肝臓におけるケトン体生成の亢進がどのような意味をもつか，もう少し詳しく述べる．肝臓は生体で最も強い β 酸化活性をもっており，大量の脂肪酸が取り込まれて酸化される．しかし肝細胞のミトコンドリアでは脂肪酸は完全分解されずアセト酢酸として血中に放出される．アセト酢酸は一部 $NADH_2$ により還元され β-ヒドロキシ酪酸になり，ともに血液に溶けて末梢に運搬されて燃料となる（図7.14）．アセト酢酸，β-ヒドロキシ酪酸，アセトン（アセト酢酸が自然に脱炭酸して生じる）の三つの化合物が，生化学ではケトン体と呼ばれるが，アセトンは尿と呼気に排出される．結局肝臓におけるケトン体生成の生理的意味は脂肪

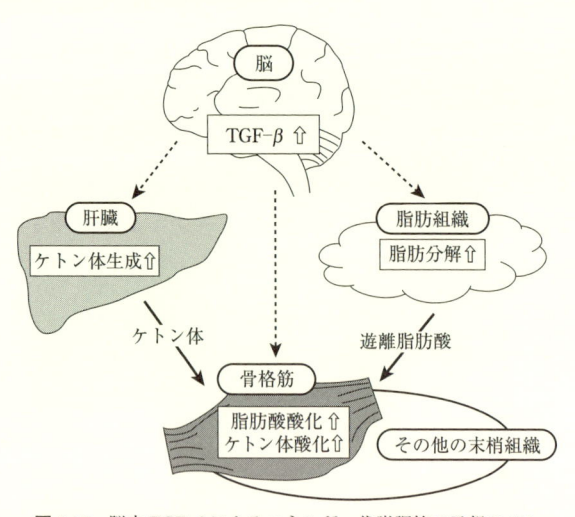

図7.13　脳内 TGF-β によるエネルギー代謝調節の予想モデル

7.4 中枢神経系による運動時のエネルギー代謝調節機構

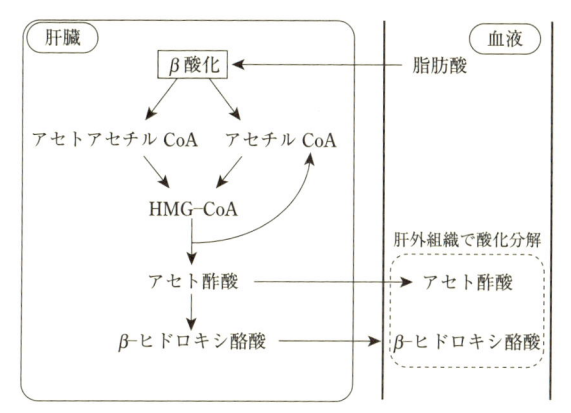

図 7.14 肝臓におけるケトン体の生成
HMG–CoA：3-ヒドロキシ-3-メチルグルタリル CoA

組織に燃料として蓄えられていた脂肪を水に溶けやすく，非常に燃えやすい形に転化して末梢組織に燃料として供給することであると考えられる．運動中，生体のエネルギー代謝調節の中心である肝臓自身は運動を直接認識することができない．しかし生体としては肝臓のエネルギー代謝調節を運動継続に適した状態に調節する必要があるはずである．この作用は既知のホルモンでは該当しないことから，骨格筋（運動の開始）→脳→肝臓（肝外組織へケトン体提供）を結ぶネットワークに TGF-β が介在していると考えられる．

　TGF-β は脂肪代謝のみに作用を与えることが示唆されるが，現在までホルモンや脳内の神経伝達物質の中で，脂肪代謝のみに影響を与える物質がほとんど報告されていない点には注意を払う必要がある．数少ない例として Gunion らは，**コルチコトロピン放出因子**（corticotropin-releasing factor, CRF）を視床下部腹内側核に投与した際，血糖に影響を与えず血中遊離脂肪酸濃度のみが上昇することを報告した[6]．Bombesin と呼ばれるペプチドを視床下部腹内側核に投与した場合も同様の変化を報告している[7]．しかしどのように脂肪代謝のみに作用を及ぼしているのかは，既知の生理機構からは推定しがたく，今後の検討課題である．

b．運動と視床下部機能

　視床下部はこれまで述べてきたような自律神経，内分泌の高次中枢であるだけでなく，摂食，飲水，成長，体温調節，情動行動，睡眠と覚醒の高次中枢でもあ

りさまざまな機能を有しホメオスタシスを維持している.また,活動筋や臓器などからも求心性信号が視床下部に送られてきておりホメオスタシスに貢献している.生体にとって運動はホメオスタシスを乱す外的因子であり,ストレス反応を惹起していると考えられる.運動時に増大するエネルギー代謝や循環応答を促進するストレス反応の調節や適応に,視床下部は重要な役割を担っていると推察できるが,まだまだ不明な点が多く残されている.運動と視床下部について調べた研究は少ないが,いくつかの報告を紹介する.Nishizawaらは視床下部VMH破壊により運動時の血中遊離脂肪酸,グリセロールの放出が抑制されることを報告している[8].また,Scheurinkらは視床下部のα-アドレナリン受容体の阻害により運動時の血糖上昇が抑制されること,視床下部VMH,LHAのβアドレナリン受容体の阻害により運動時の血糖上昇および血中遊離脂肪酸濃度上昇が抑制されることを見いだしている[9].これらの知見は,視床下部(特に交感神経系)が運動時のエネルギー代謝調節へ関与することを示している.

引用文献

1) 谷口正子,大野秀樹,谷口直之監訳(1999)スポーツとトレーニングの生化学,メディカル・サイエンス・インターナショナル
2) Felig P (1983) Effects of exercise and physical training on fuel utilization, insulin sensitivity, and insulin secretion. In: Frontiers of Exercise Biology
3) 斉藤昌之,鳥居邦夫,青山頼孝責任編集(2003)脳と栄養,建帛社
4) Yamazaki H, Arai M, Matsumura S, Inoue K, Fushiki T (2002) Intracranial administration of transforming growth factor-beta3 increases fat oxidation in rats. *Am J Physiol Endocrinol Metab*, **283**, E536-E544
5) Ishikawa T, Mizunoya W, Shibakusa T, Inoue K and Fushiki T (2006) Transforming growth factor-β in the brain regulates fat metabolism during endurance exercise. *Am J Physiol Endocrinol Metab*, in press
6) Gunion MW, Rosenthal MJ, Tache Y, Miller S, Butler B and Zib B (1988) Intrahypothalamic microinfusion of corticotropin-releasing factor elevates blood glucose and free fatty acids in rats. *J Auton Nerv Syst*, **24**, 87-95.
7) Gunion MW, Tache Y, Rosenthal MJ, Miller S, Butler B and Zib B (1989) Bombesin microinfusion into the rat hypothamic paraventricular nucleus increases blood glucose, free fatty acids and corticosterone. *Brain Res*, **478**, 47-58.
8) Nishizawa Y and Bray GA (1978) Ventromedial hypothalamic lesions and the mobilization of fatty acids. *J Clin Invest*, **61**, 714-721.
9) Scheurink AJ, Steffens AB and Benthem L (1988) Central and peripheral adrenoceptors affect glucose, free fatty acids, and insulin in exercising rats. *Am J Physiol*, **255**, R547-556.

参考文献

勝田 茂編書(2000)運動生理学20講.第2版,朝倉書店

参 考 文 献

島津　孝（1999）脳の中の視床下部，ブレーン出版
田川邦夫（2003），からだの生化学，タカラバイオ
田川邦夫（2003），からだの働きからみる代謝の栄養学，タカラバイオ
中野昭一編集（1999）スポーツ医科学，杏林書院
宮村実晴編集（2001）新運動生理学，真興交易医書出版部

8. 運動と食品

8.1 自律神経とは

　生体の基本的な機能である，循環，呼吸，体温維持，消化，代謝，排泄，生殖などを自律機能と呼ぶ．自律神経は，平滑筋，心筋，腺を支配して自律機能を調節し，生体の恒常性（ホメオスタシス）維持に重要な役割を果たしている．自律神経系は交感神経系および副交感神経系から構成されている．交感神経は胸腰髄の側柱より起始するネットワークを形成し，一方，副交感神経は脳幹および仙髄側柱からはじまるネットワークを形づくっている．これらの自律神経末梢路に対する上位中枢は延髄および視床下部であり，生体外部および内部環境の情報は，自律神経の中枢レベルで統合されたのち自律神経遠心路を介して各器官に伝えられる．

　生体における自律機能は通常，高位中枢（視床下部，大脳皮質，大脳辺縁系など）の統合的な制御下で，自律神経系，内分泌系，体性神経系の協調的な作用によって調節されている．以上の神経-内分泌系は，免疫系とも密接な関連を有している．

　心臓，胃腸，肺など多くの内臓器官は交感神経と副交感神経の二重支配を受けている．一般に同一器官に対する交感・副交感神経の作用は相反的であり，これを拮抗支配と呼ぶ．たとえば腸管の運動や消化液の分泌は，交感神経によって抑制され，副交感神経によって促進される．ただし，器官によっては必ずしも拮抗的でないものもある．たとえば，唾液腺に対する交感，副交感系はともに唾液分泌を促進する．つまり，両神経系は必ずしも拮抗的ではないこともあるが，相伴って合目的活動を遂行していると考えられる[1]．

a. 自律神経と循環調節

　自律神経による循環調節は心臓と脈管系調節に分けられ，心臓は心拍出量（毎

分当たりの総血液排出量）を，脈管系は血管径または抵抗を調節する．心臓は交感，副交感神経で調節されるが，脈管系調節は交感神経が中心で，ほとんどすべての血管径の調節に携わっている．

一方，安静時の筋支配交感神経活動の最も重要な働きは血圧調節である．筋交感神経活動は動脈圧受容器から強力な抑制入力を受け，血圧が低下すると活動が活発になり，血圧が上昇すると抑制して血管径を調節して安静時の血圧を一定に保つように働く．この調節機能は運動時でも効果的に作動する．心臓では心拍数が約 100 拍/分前後になるまでは心臓副交感神経活動の退縮（減衰）が，その後，最大運動時までは心臓交感神経活動の亢進により心拍数が増加する．

安静時の腎臓には，腎組織の生存に必要な血流量以上に多量の血液が流れ，心拍出量の約 20% にも及ぶ[2]．

b. 心臓自律神経

心臓に分布する自律神経は，心臓交感神経と心臓副交感神経（迷走神経の心臓枝）と呼ばれる，相反した影響を与える神経からなる（図 8.1）．心臓副交感神経を電気刺激すると洞房結節にあるペースメーカー細胞の興奮周期や洞室伝導時間の遅延を引き起こし心拍数は低下するが，心室収縮力にはあまり影響を与えな

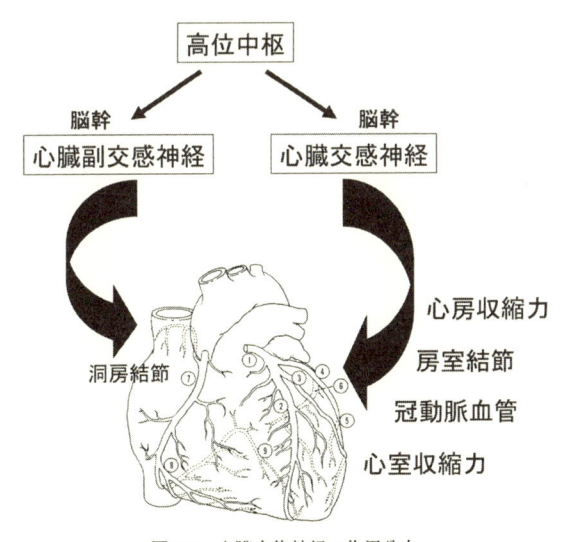

図 8.1　心臓自律神経の作用分布

い．一方，心臓交感神経刺激はペースメーカー細胞の興奮周期の短縮，房室結節を介する房室伝導時間の短縮，および心室収縮力を増加させる．

従来，ヒトの心臓交感神経活動は心電図 R–R 間隔変動の 0.1 Hz 成分，心臓ノルアドレナリンの**スピルオーバ**（spillover）や筋交感神経活動から間接的に推測されてきた．また，心臓副交感神経活動は呼吸性不整脈の大きさや R–R 間隔変動の呼吸成分から推測されてきたが，いずれの方法も適応限界や問題点を含む．

8.2　自律神経活動測定法
a．心拍変動パワースペクトル解析
1）心臓は超働き者　人の心臓は肺から取り入れた酸素と血液にある栄養を 60 兆個以上もあるといわれる体の細胞の隅々に運んでいる．このために心臓は 1 日に約 10 万回近くも収縮し，雨の日も風の日も，1 日たりとも休むことなく働き続けているのである．安静時の心拍数が 70 拍/分とすると，1 日の総心拍数は 10 万回を超える．心臓が 1 回脈打つと約 70 cc の血液が心臓ポンプから動脈に排出される．つまり，心臓は 1 分間に約 5 l の血液を排出しており，1 時間で 300 l，24 時間では 7200 l，実に 1 トントラック 7 台分の重量物を運ぶことになる．前述したように，この心臓ポンプのリズム（心拍変動）を調整しているのが自律神経である．心臓の拍動のリズム，すなわち心臓洞房結節のリズムの解析による神経性循環調節機能の分析は，冠動脈疾患，心不全，不整脈，高血圧症などの心

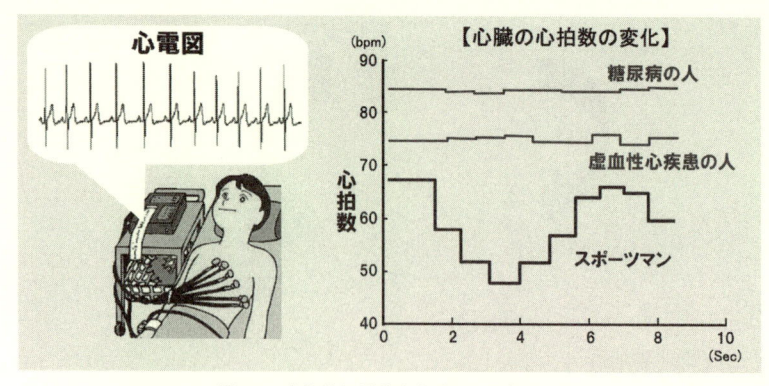

図 8.2　自律神経活動を心電図で評価する
健康な人の心拍数には，"ゆらぎ" がある．病気の人は "ゆらぎ" が少ない．

血管系疾患の病態に対する新しいアプローチとして現在,注目を集めている.特に心臓副交感神経機能の非浸襲的評価が可能な心拍変動スペクトル解析により,副交感神経機能低下が冠動脈性心疾患や突然死の重要な危険因子であることが明らかになっている[3,4].

2) 脈拍リズムによる自律神経評価

i) 心拍変動パワースペクトル解析　心拍変動による自律神経機能評価の原理は,交感神経および副交感神経機能がそれぞれ特定の周波数帯域の心拍変動に反映されることに基づいている.心拍変動(心電図 R–R 間隔)の周波数パワースペクトルには低周波帯(0.03〜0.15 Hz)と高周波帯(0.15〜0.4 Hz)にピークが見られ,それぞれ LF 成分,HF 成分と呼ばれている(図 8.3 参照).

HF 成分は呼吸によって生じる心拍のゆらぎで心臓副交感神経よって媒介され,その振幅値は心臓副交感神経活動を反映することが動物実験での神経節切除の実験結果から明らかになっている.一方,LF 成分は交感神経と副交感神経活動の両者が反映されるが,Akselrod *et al.* (1981) や森谷ら (1997) は,血圧調節がこのスペクトル帯域で行われている可能性を示唆している[5,6].

筆者らは,交感神経・副交感神経の両神経支配を受けている洞結節のリズム(心拍変動)のスペクトル解析により,交感・副交感神経活動の弁別定量化が可能であるかどうかについて,健常者に薬理ブロックを用い検証した[7].安静時で

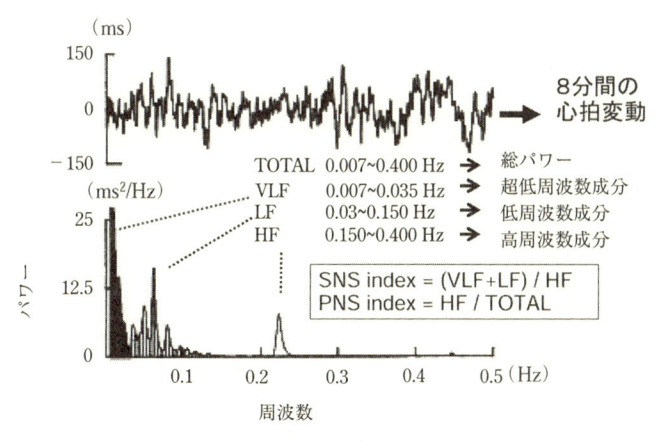

TOTAL　0.007〜0.400 Hz　→　総パワー
VLF　0.007〜0.035 Hz　→　超低周波数成分
LF　0.03〜0.150 Hz　→　低周波数成分
HF　0.150〜0.400 Hz　→　高周波数成分

SNS index = (VLF+LF) / HF
PNS index = HF / TOTAL

図 8.3　心拍変動パワースペクトル解析

は副交感神経活動を反映している高周波成分(HF)が呼吸とほぼ同期して(0.25 Hz, 15回/分)スペクトルに現れるが,副交感神経の遮断剤であるatropine静注後(0.04 mg/kg)では,心拍数が安静時心拍数より30～40拍近くも上昇し,高周波成分がほぼ完全に消滅した.交感・副交感神経活動を反映する低周波成分(LF)もかなり減少することが明らかになった.Atropineと交感神経遮断剤(propranolol 0.2 mg/kg)の両神経薬理ブロックでは,心拍変動はほぼ完全に消滅し,安静横臥から直立姿勢に変化してもほとんどスペクトルは変化を示さなかった.この時点では心拍変動係数(CV)は安静コントロール時と比較して劇的に低下しており,糖尿病性自律神経障害の顕著な患者に酷似したスペクトルを呈する.

現在,LFおよびHF成分に加え,交感神経系体温・熱産生調節機構に関与するVLF成分(0.007～0.035 Hz)を特定することが可能な,より精度の高い手法を開発し,各種の肥満関連遺伝子多型と自律神経活動動態の関連や,運動の抗圧効果,肥満発症メカニズムなどの解明に応用している[7～11].

図8.4は安静時心電図を4分間連続図記録したスポーツ選手と自律神経障害の

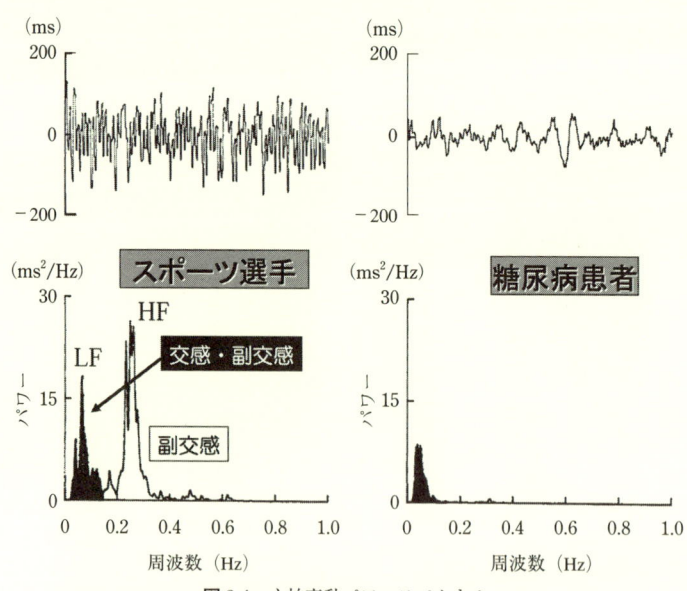

図8.4 心拍変動パワースペクトル

ある糖尿病患者の心拍変動スペクトルの典型例である．図の上段は4分間の心拍の加速，減速の大きさ（心電図R-R間隔）を表すものである．この患者は特に心臓の電気的安定性を維持する副交感神経の顕著な低下が認められ，自宅で心臓突然死で亡くなられている．

筆者らは心拍変動パワースペクトル解析の臨床応用を目指すため，同年齢の健常者，3群の糖尿病患者（(1) 神経障害のない初期2型糖尿病，(2) 末梢神経障害，(3) 起立性低血圧を訴える重度な自律神経障害），虚血性心疾患患者を対象に心臓自律神経活動動態と**心筋脱分極・再分極時間**（recovery time, RT），および心臓突然死の致死性不整脈の発現リスクの一つである心電図Q-T間隔時間の詳細な検討を行った[6,12~16]．

その結果，糖尿病性自律神経障害の重症度に伴い総自律神経活動を反映するトータルパワーの有意な減衰，心筋脱分極・再分極時間およびQ-T間隔時間の遅延が認められた．核医学で用いられるMIBG心筋シンチグラフィーで冠動脈狭窄や血液拡散能の著減が認められる虚血性心疾患患者では，健常者の完全薬理ブロックに酷似した心拍変動スペクトルを呈することも明らかとなった[16]．最近では女性の更年期障害や月経前症候群の発現に関する自律神経活動動態と不定愁訴の解明にもこの心拍変動スペクトル解析が用いられている[17~19]．

ii) トーン・エントロピー解析　心臓自律神経活動を評価する方法は前述した心拍変動パワースペクトル解析がよく用いられるが，より簡便な心拍の時系列解析法もある．ここでは最近特に注目を浴びてきたトーン・エントロピー解析について述べる．筆者らが開発したこの方法論に関する詳細は既報に譲り，ここでは概略を述べる[20~23]．

筆者らが着目したのは，心拍数の制御は**加速**（acceleration），**減速**（deceleration）の二つの基本的なコントロールに依っているという絶対的な事実である．心拍数を心周期で表すと，心拍数が増加するとき心周期は短くなり，逆に心拍数が減少するときに心周期は遅延する．そこで連続する心周期の差を計算すると，心拍数増加時には差は正の値となり，心拍数減少時には差は負の値になる．しかしながら，心周期は心拍数により大きく影響を受ける．たとえば心拍数が60拍/分では，その周期は1000ミリ秒，心拍数120拍/分では500ミリ秒になる．つまり，連続する2拍の心周期の差を絶対値で用いた場合，異なる心拍数を有する対

象(鍛錬者・非鍛錬者,健常者・患者,ヒトと実験動物など)に対して,過小あるいは過大評価を強いることになる.実際,動物実験では異なる心拍数の比較には百分率が使用されている[24].そこで,筆者らはこの差を心周期に対する百分率 (percentage index, PI) で表現し,次の通り評価を行った[20].

一定の時間,心電図を連続記録すると心周期データは時系列,$H(n)$ の形で得られる.百分率指数 $PI(n)$ は次式で求められる.

$$PI(n) = [H(n) - H(n+1)] \cdot 100/H(n) \quad 1 \leq n \leq N-1$$

ここで n は心拍のシリアル番号,N は最大番号である.この式から心拍が加速すれば $PI>0$,減速すれば $PI<0$ で表現される.トーン(tone)は百分率指数時系列の算術平均として計算される.

$$\sum_n PI(n)/N$$

つまり,トーンは心拍の加速-減速の相対的強度を示す.

次にエントロピー(entropy)であるが,これはシャノンの情報理論から導入したものである[25].まず $PI(n)$ から確率分布を計算する.すなわち,fi を $PI(n)$ が整数値 i をもつ $\{i \leq PI(n) < i+1\}$ 度数とし,確率 $p(i)$ を計算する.

$$P(i) = fi/f \quad \text{ただし} \quad f = \sum_i fi$$

この確率分布に対し,エントロピーは次式で計算される.

$$-\sum_i p(i) \log_2 p(i)$$

単位はビット(bit)であり,心臓自律神経活動によりもたらされた心拍加速・減速の強度(情報量)として捉えることができる.ここで,もしある一定期間の心拍加速・減速がともに一定率だけで制御されたとしたら,その加速・減速の確率は50%,つまり0.5となり,エントロピーは1ビットとなる.健康な大学生ではこの,エントロピーは4ビット近くになり,2^4,つまり16種類の加速・減速の調節を行なう情報量を心臓は受け取っていることになる.

具体的にトーン・エントロピー解析の説明と妥当性を検討してみることにする.図8.5[20]は,安静時コントロールおよび交感・副交感神経の薬理ブロックにおける心拍変動を表したものである.この図では上段には心周期(R-R間隔,ミリ秒)時系列,下段には連続する心周期の差(心拍の加速・減速時間(ミリ秒))を絶対値で示してある.仮に毎分ごとの心拍数が一定であれば,心拍加速・減速の総和は当然ゼロになる.しかし,百分率指数で表すとゼロにはならない.具体

8.2 自律神経活動測定法

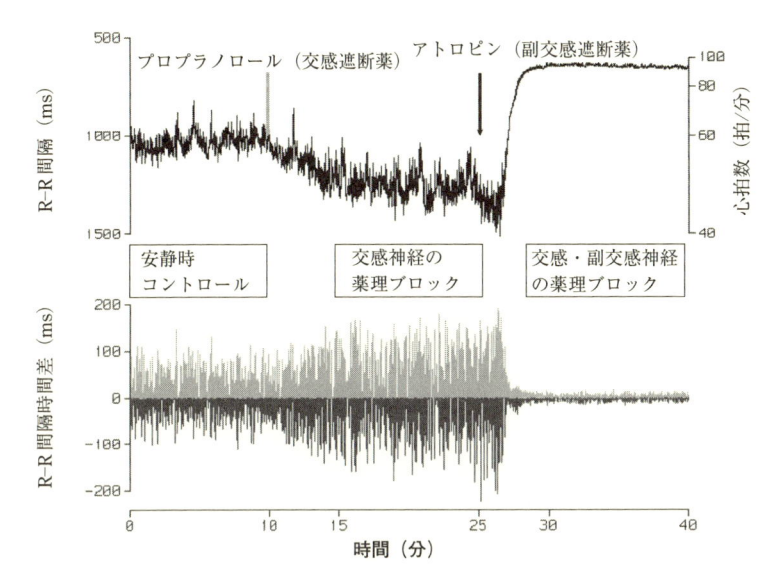

図 8.5 安静時，交感神経および交感・副交感神経薬理ブロック時の R-R 間隔の時系列変化（上段）と毎拍ごとの R-R 間隔の加速・減速の時間差[20]

的に示してみよう．

心拍数が 60, 75, 80 拍/分と加速し，その後に 75, 60 拍/分に減速した場合，心周期（R-R 間隔）時系列は 1000, 800, 750, 800, 1000 ミリ秒になり，その絶対的差の総和は $(1000-800)+(800-750)+(750-800)+(800-1000)$ は当然ゼロになる．ここで百分率指数（PI）を計算すると

$(1000-800)/1000+(800-750)/800+(750-800)/750+(800-1000)/800$

したがって PI の総和は .20+0.0625+(-0.0666)+(-0.25) となりわずかであるが負の値（-0.054）になる．つまり，呼吸性不整脈により心拍が加速する場合のほうが，心拍が減速していく場合よりも分母が大きい．それゆえに，1 分間の心拍数が一定であっても，瞬時，瞬時の心拍加速・減速の相対的占有率が異なれば PI は変化する．この PI の総和を計測時間内の心拍変動回数で除して求められるトーンは心拍加速・減速の平均的バランスを表す指標として捉えることができる[20,22]．

ここで図 8.5 を再度見てみると安静時の心拍の揺らぎは交感神経の薬理ブロックで大きくなり，引き続く副交感神経の薬理ブロックではほぼ完全に消滅してい

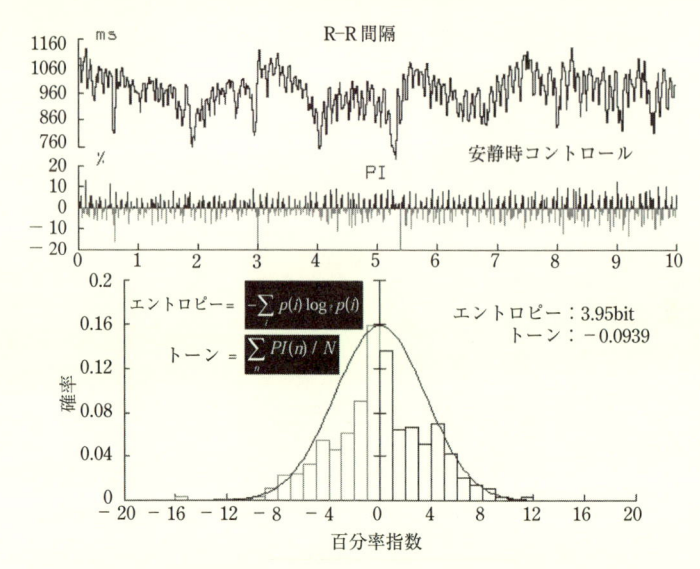

図 8.6 安静時の R-R 間隔と百分率指数（上段）およびその確率度数分布（下段）

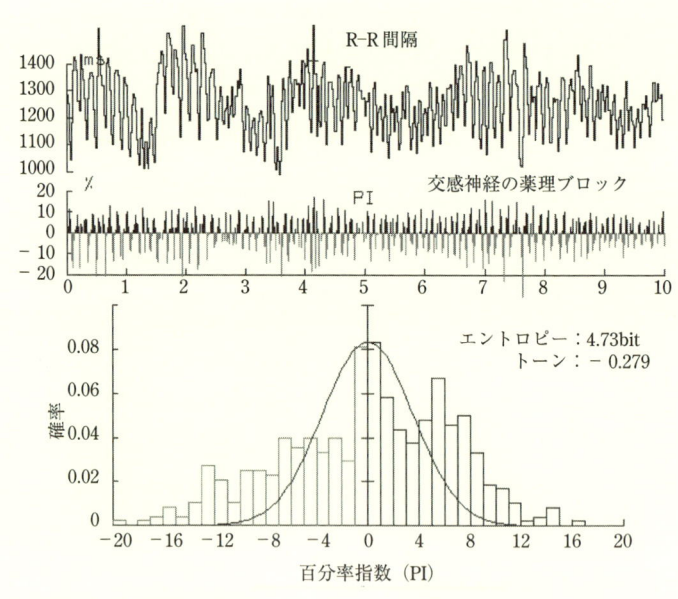

図 8.7 交感神経の薬理ブロック時の R-R 間隔と百分率指数（上段）とその確率度数分布

る．図 8.6 は安静時コントロール，図 8.7 は同一被験者の交感神経の薬理ブロック時の心拍変動（上段：心周期 R–R 間隔），百分率指数（中段：PI）および百分率指数の時系列データから求めた心拍加速・減速の確立度数分布（下段）を示す．つまり，心拍が 1% 加速した確率，または 1% 減速した確率，次に心拍が 2% 加速した確率，または 2% 減速した確率…というように順次計算し，その確率分布から心拍加速・減速の心臓自律神経調節のための情報量としてのエントロピーを求めることができる．ここで特記すべき点は，心拍変動は必ずしも平均心拍数を中心に正規分布しないことである．糖尿病などの臨床検査で一般的に用いられている CVrr（心拍変動係数）は心拍変動（R–R 間隔）の標準偏差を平均値で除して求めるが，これはあくまでも心拍変動がガウス分布を示す条件下のみであり，理論的には不適切であるかもしれない．それゆえに，心拍加速・減速を独立した確率分布として捉えるトーン・エントロピーはガウス分布を必要としないので，より適切な解析法といえるかもしれない．

図 8.8[22]) は健常者 8 名の薬理ブロック実験により求められたトーンとエントロピーを二次元の座標空間で示したものである．図中の長方形は平均値±標準誤差を表す．安静時（C）では，トーンは負の値であり，交感神経の薬理ブロック（P）（図 8.7 参照）により，さらに大きく負側に移行しているのがわかる．つまり，交感神経が遮断され，副交感神経活動が相対的に亢進した状態では，低く安

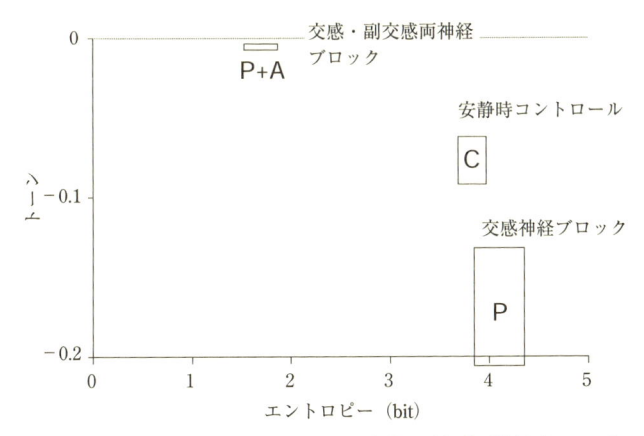

図 8.8 安静時，交感神経ブロックおよび交感・副交感両神経ブロック時におけるトーン・エントロピーの変化[22]
長方形は標準誤差を示す．

定した心拍数を維持しながら心拍減速が優勢であることを示している．換言すれば，トーンは交感・副交感神経活動のバランスを反映しており，相対的に副交感神経活動が亢進すれば，より大きな負の値になる．その後の交感・副交感両神経の薬理ブロック（P＋A）では，心拍加速・減速は消滅してトーンはほぼゼロになる．

一方，エントロピーは交感神経遮断（P）により増大するが，これは副交感神経の顕著な亢進により惹起されると考えられる．交感・副交感の両神経遮断（P＋A）では，エントロピーは約4から1.5ビット近くにまで著減する．

これらの結果から，トーン，すなわち心拍加速・減速の相対的強度は心臓交感・副交感神経活動のバランスを表し，エントロピーは心拍加速・減速の情報量，すなわち，総心臓自律神経活動の活動量を反映することが示唆される．以上の結果は，各種の生理学的条件下（薬理ブロック，運動負荷試験，姿勢制御，糖尿病性自律神経障害）での実験でも支持されている[20〜23,26]．

ちなみに心拍変動パワースペクトル解析はヒトの心拍数よりも数十倍も多いラットやモルモットでも可能であるが[27]，同一スケールで比較検討することはむずかしい．また，後述するが，運動中の心拍変動パワースペクトルは副交感神経の減衰により，心拍変動が極度に小さくなり，**SN比**（signal-to-noise ratio）の悪化により正確な心臓自律神経活動の評価がきわめて困難になる．トーン・エントロピー解析では心拍数の個人差，動物との個体差や刻々と変わる運動中の変化でも，心拍変動を百分率で正規化するため，問題なく解析が可能である（未発表データ）．今後，ヒト自律神経活動の絶対評価や実験動物との比較検討ができるユニバーサルなスケールになりうる可能性が示唆される．

図8.9[22]は，まさにこの可能性を支持するデータで，健常男性（$N=142$，30〜69歳）における加齢と自律神経活動の関連を明らかにするために，トーン・エントロピー値を二次元座標空間にプロットしたものである．比較検討するために，前述の薬理ブロックのデータも同一座標空間に示している．142名の個人のデータは小さい黒ドットで，また30，40，50，60歳台の平均値も標準誤差とともに長方形で表している．興味深いことに，すべての被験者のトーン・エントロピー値は，健常者の薬理ブロックにおける軌跡をたどり，加齢と共に交感・副交感両神経の薬理ブロック（P＋A）に近づくのが確認できる[22]．

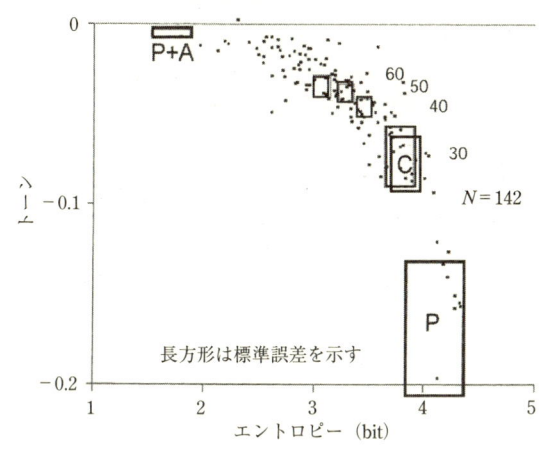

図 8.9 加齢による自律神経活動の低下は薬理ブロックのデータと同じ軌跡をたどる[22]

8.3 肥満・糖尿病と自律神経

脂肪に対するイメージからか脂肪細胞は不活発な"末梢の奴隷"との見方が一般的であった．しかし，"脂肪細胞は生体全体のエネルギー備蓄バランスの要として，自らの指令を中枢に発信し，きわめて活発に生命活動に関与していること"がわかりはじめてきた．人間の脂肪細胞は，太ってくるとレプチンという物質を出して，"太りすぎていますよ"と肥満遺伝子が発現するようになっている．適度な体脂肪量を維持し，一定の体重を保つ仕組みとその破綻としての肥満の遺伝的要因解明は，分子遺伝学的手法を駆使した最近の研究によって著しく進展した．図 8.10 はその大筋をまとめたものである．白色脂肪組織に脂肪が蓄積すると脂肪細胞からレプチン（肥満遺伝子：OB タンパクとも呼ばれる．ラテン語 Leptos＝痩せるが語源）が内分泌され，大脳の視床下部の交感中枢（満腹中枢）の神経細胞膜に存在するレプチン受容体に結合して細胞を活性化する．交感神経活性の上昇は副交感中枢（摂食中枢）を抑制して摂食を抑えるとともに，β_3-アドレナリン受容体を介して白色脂肪組織（特に内臓型）からの脂肪動員と褐色脂肪組織からの熱放散（**脱共役タンパク質**（UCP1）：ミトコンドリアでの酸化的リン酸化を脱共役させ，ATP を合成せずに，エネルギーを熱として放散するタンパク質ファミリーのひとつ）を促進し，これらの総合効果によって脂肪の過剰蓄

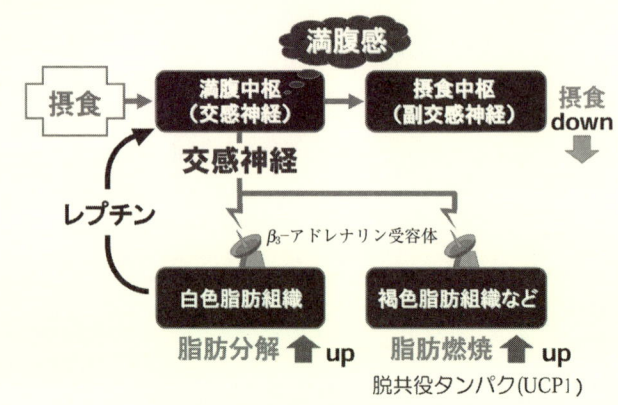

図8.10 体重調節における自律神経の役割

積を防ぐものと考えられている．つまり，自律神経は，食欲やエネルギー代謝の調節に関わり，生体の体重を一定範囲に保つうえでも重要な役割を果たしているのである．

Bray（1990）により提唱された **MONA LISA**（most obesities known are low in sympathetic activity）**仮説**[28]，すなわち，交感神経活動の低下と肥満とが密接に関連しているという考えは動物実験などから支持されてきた．しかし，ヒトを対象とした研究では，いまだ統一した見解が得られていないのが現状である．これは，被験者の選択基準（年齢，身体組成，肥満歴，内分泌代謝疾患の有無）や実験条件が異なるだけでなく，ヒトを対象とした適切な自律神経機能評価法，特にエネルギー消費量や熱産生能力を反映する交感神経活動の測定法が確立されておらず，各研究者が従来の指標（血中または尿中カテコラミン濃度，カテコラミン回転率，筋交感神経活動など）を用いて実験を行い，得られた結果を解釈していることに起因していると思われる．筆者らは肥満や加齢に伴う数々の合併症や実験条件の差異を避けるため，小児や若年男女学生を対象に交感神経活動と肥満についての詳細な検討を進めてきた[7,10,11,29〜35]．

その結果，安静時の自律神経活動には肥満群・非肥満群の間で有意な差が認められなかったが，食事，寒冷暴露やカレーなどの辛味成分などによる熱産生刺激を与えたときの交感神経活動，特にVLF成分は肥満群では増加せず，またその反応性は非肥満群に比べ有意に低下していた[7,29,30]．したがって，安静レベルの

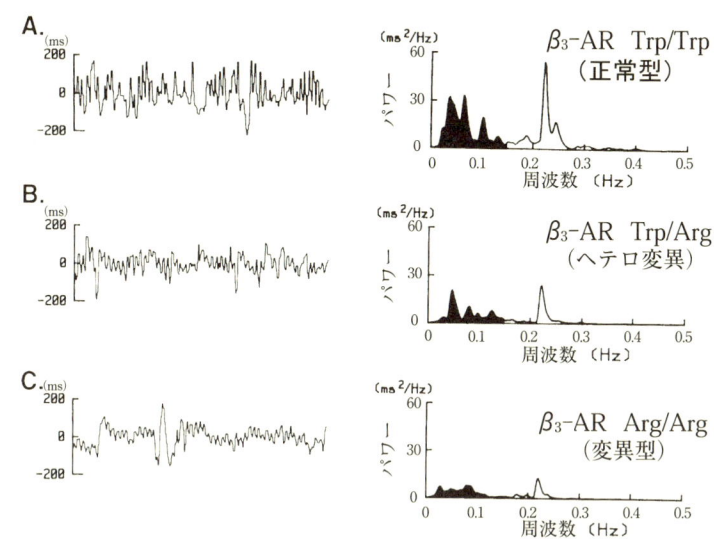

図8.11 β_3アドレナリン受容体の遺伝子変異と自律神経活動[34]

交感神経活動の低下というよりはむしろ, "交感神経反応性の低下", 特に "交感神経のエネルギー代謝調節に関する生理的機能の低下" が肥満の形成を促す一要因になりうることが示唆された. 最近の筆者らの研究から, β_3アドレナリン受容体 (β_3-AR) や脱共役タンパク (UCP1) などに遺伝子変異をもつ被験者で, 交感神経活動動態が有意に低下することが明らかになりつつある[34~36] (図8.11)[34].

8.4 運動と自律神経活動

安静時の自律神経活動を比較すると加齢や運動習慣, 疾患の有無, 喫煙習慣, 肥満度などにより大きく異なる[12,13,15,16,31~33]. 中高齢者を対象にした研究でも同様な結果が報告されており, 自律神経系でも主に副交感神経で調整される圧受容体感受性も運動習慣のある中高齢者が有意に高いことも指摘されている[37,38].

筆者らは, 心拍変動パワースペクトル解析を用い, 安静時や漸増運動中の心臓交感・副交感神経活動を連続的に捉えることや**嫌気性代謝閾値** (anaerobic threshold, AT：血中乳酸の増加が起こり始める運動強度) の非観血的測定が健常者や糖尿病患者においても可能であることをすでに報告してきた[12,13]. これらの先行研究結果を基本にして, より簡便な心臓自律神経活動動態の定量化を心拍変

動のゆらぎのパワー（単位心拍当たりの毎拍心拍加速・減速時間（ミリ秒）の二乗値）を用い，心臓自律神経，特に副交感神経活動を基準にした安全作業閾値の設定が可能かどうかの実験検証を行った．

図8.12は漸増運動負荷運動中の心拍ゆらぎのパワー（単位心拍あたりの心拍加速・減速時間の2乗値）を用いた心拍変動パワー解析の結果である．健常者では運動中の心拍変動パワー曲線が指数関数的に減衰・収束する（図8.12参照）．同時に解析した心拍変動パワースペクトルにより，心拍変動パワー曲線の減衰と心臓副交感神経活動の低下とがほぼ同時に起こることが明らかになった[39]．この収束点は，呼気ガス分析によって得られた嫌気性代謝閾値よりも早期に発現する．つまり，交感神経活動の亢進が顕著で血中乳酸蓄積，カテコラミン分泌増加，および血圧上昇を伴う以前に，心臓副交感神経活動が退縮・減衰することが示唆される[40,41]．筆者らはこの心臓副交感神経の減衰する運動強度を**安全作業閾値**（safety exercise threshold, SET）と命名した．

心不全患者や肥満者では心臓自律神経活動の異常が認められ，特に運動時の心臓自律神経活動動態を評価することは致死性不整脈や突然死を予防する上で重要

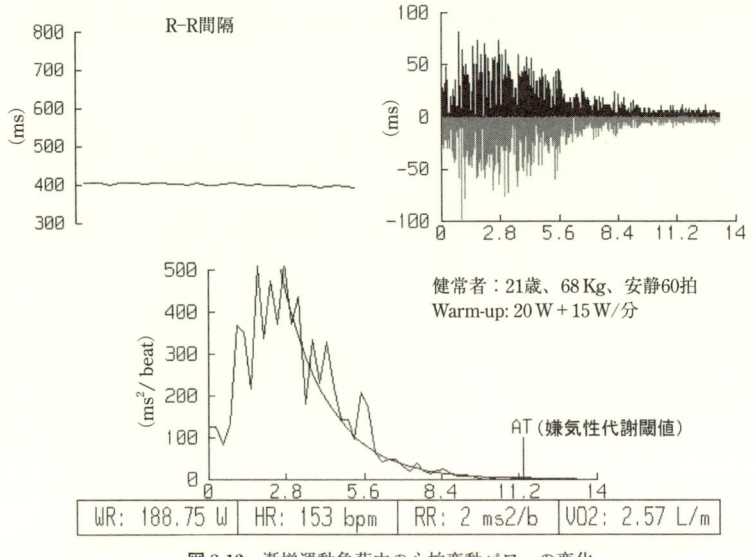

図8.12 漸増運動負荷中の心拍変動パワーの変化

8.4 運動と自律神経活動

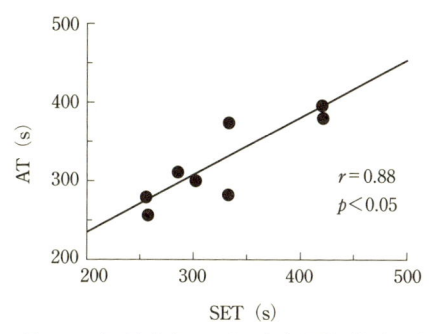

図8.13 心不全患者における安全運動閾値(SET)と嫌気性代謝閾値(AT)との関係

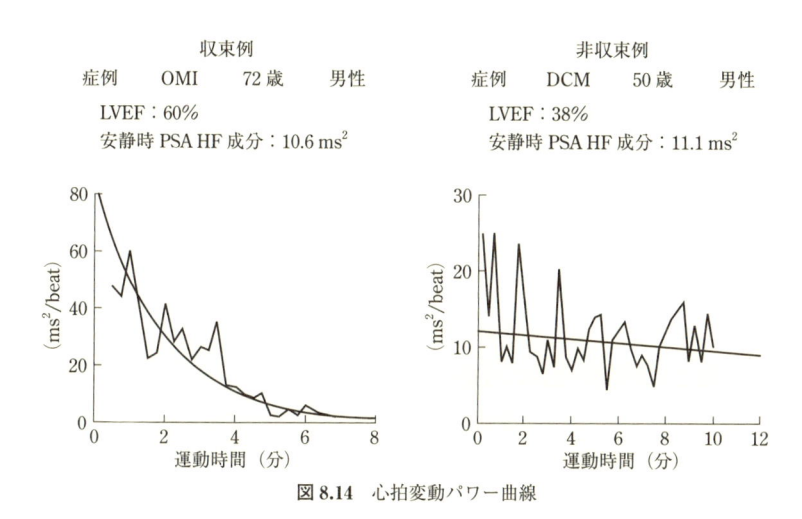

収束例
症例　OMI　72歳　男性
LVEF：60%
安静時 PSA HF 成分：10.6 ms^2

非収束例
症例　DCM　50歳　男性
LVEF：38%
安静時 PSA HF 成分：11.1 ms^2

図8.14 心拍変動パワー曲線

である．筆者らは，慢性心不全患者13例（年齢64±2歳；NYHA心機能分類Ⅰ～Ⅲ度，拡張型心筋症4例，陳旧性心筋梗塞症5例，弁膜症4例）を対象に漸増運動負荷中の心拍変動パワー解析を行った（図8.13）．その結果，嫌気性代謝閾値（AT）と安全運動閾値（SET）には有意な正相関（$r=0.88$, $p<0.01$）が認められたが，AT出現の運動強度はSETよりも有意に高値を示した．このことは致死性不整脈を起こしやすい心疾患者や自律神経活動の弱まりがちな糖尿病，肥満症の患者では，心臓副交感神経活動を基準に運動強度を決定する「安全作業閾値」での運動処方が望まれる[39~41]．

表 8.1 収束例と非収束例のプロフィール

	収束例（8例）	非収束例（5例）
・年齢（歳）	63±2	64±5
・心肺運動負荷試験		
運動時間（s）	519±45	416±47
Peak V_{O_2}（ml/kg/min）	17.5±1.3	15.9±1.5
AT（ml/kg/min）	12.1±1.0	11.8±0.9
・安静時心拍変動パワースペクトル		
ln HF	4.7±0.4	1.6±0.4　$p<0.01$
・心機能指標		
LVEF（%）	63±5	49±7　$p<0.1$
LVEF 40%以下	1例（13%）	3例（60%）
ANP（pg/ml）	38±9	86±63
BNP（pg/ml）	63±27	135±109

興味深い点は，健常者では例外なく，心拍変動パワーの減衰・収束が認められたが，若年肥満歴のある長期肥満症や心機能のより低下した心不全患者では，図 8.14 のように減衰・収束しない例も認められ，心臓自律神経が運動負荷に対応して調節・反応していない可能性が示唆される（表 8.1 参照）．

8.5　自律神経に及ぼす運動の効果
a.　運動と自律神経活動の可逆性

運動中の脂肪の利用率は運動強度に依存する．最大酸素摂取量（V_{O_2max}）の約 50% の運動強度では，エネルギー源として糖質と脂質がほぼ同じ割合で利用されるため，高強度の運動に比べて脂肪燃焼率が高くなり，脂質代謝の活性化に適している[42]．米国スポーツ医学会（1990）では，呼吸循環機能を向上させる運動処方として，少なくとも 50〜85% V_{O_2max} の強度で，20 分間の有酸素運動を週に 3 回，数カ月間継続することを推奨している[43]．しかし，内臓脂肪型肥満者に発生している糖・脂質代謝異常の改善には必ずしもこの運動処方が適するとは限らない．一般的に肥満者や糖尿病患者の場合，運動不足を伴って嫌気性代謝閾値（AT）も低く，速歩程度でこの閾値に達する場合もある．特に高齢者では AT レベルの運動が単純な歩行に相当する場合が大半である．また合併症の問題から運動制限が必要な場合も多い．この意味から，歩行レベルの軽度の運動が糖・脂質代謝を有意に改善させる運動刺激になるか，あるいは糖代謝改善に最低必要な運

動強度や運動量が存在するかは臨床上重要な課題である.

肥満に対する運動の効果は，(1) エネルギー消費の増大と脂肪組織消費による減量，(2) 脂肪合成の抑制，(3) 基礎代謝の増加，(4) インスリン感受性の向上，(5) 動脈硬化性血管障害の改善（HDL コレステロールの増加，中性脂肪の低下，血圧降下作用など），(6) 呼吸循環機能の増強と運動能力の向上，(7) ストレスの解消などが挙げられる[44,45]．合併症を発症しやすい内臓脂肪型肥満では，内臓脂肪が皮下脂肪より効果的に運動で燃焼される利点も指摘されており，中高年男性の半数がメタボリックシンドロームと推定されている昨今（2006 厚生労働省発表），運動の継続は生活習慣病の予防上，その重要性を益々増している.

自律神経活動が低下している肥満者を対象にした有酸素運動のトレーニング効果を扱った最近の研究によれば，低強度（約 50% V_{O_2max}）の有酸素運動でも，総エネルギー消費量を増加させることにより，呼吸循環機能の有意な向上は認められないが，糖・脂質代謝の改善に十分効果を発揮することが明らかにされている[6,15,44,45]．

筆者らは肥満者や糖尿病患者に対して安全で有効な運動処方の開発を行ってきた．特に，血中乳酸や呼気ガスの変化ではなく，心臓副交感神経活動を基準にした「安全運動閾値」で運動処方箋を作成し，生活習慣病のリスクが高く，自律神経活動の低下した肥満者を対象に 12 週間の運動トレーニングを実施した（図 8.15[46]）．その結果，「安全運動閾値」での運動トレーニング 12 週後では，血圧，血中コレステロール，中性脂肪，HDL および LDL-コレステロール，体脂肪などの生活習慣病リスクファクターや心臓自律神経活動が有意に改善した[39,46]．また，強力な血管収縮物質であるエンドセリンやカテコラミンおよび心負担度の指標である脳性ナトリウム利尿ペプチドの増加が運動中に認められなかった[39]．これらの自律神経活動の可逆的効果から，「安全運動閾値」での運動は，心臓に負担が少なく，中年肥満者におけるエネルギー代謝機構を改善し肥満を解消させるだけでなく，虚血性心疾患や突然死を予防する可能性があることが示唆されている.

また，Nagai *et al.* (2003a, 2004a) は 1080 人の児童を対象に体脂肪，運動量，食事などを詳細に調査し，自律神経活動に対する肥満と運動習慣の影響について

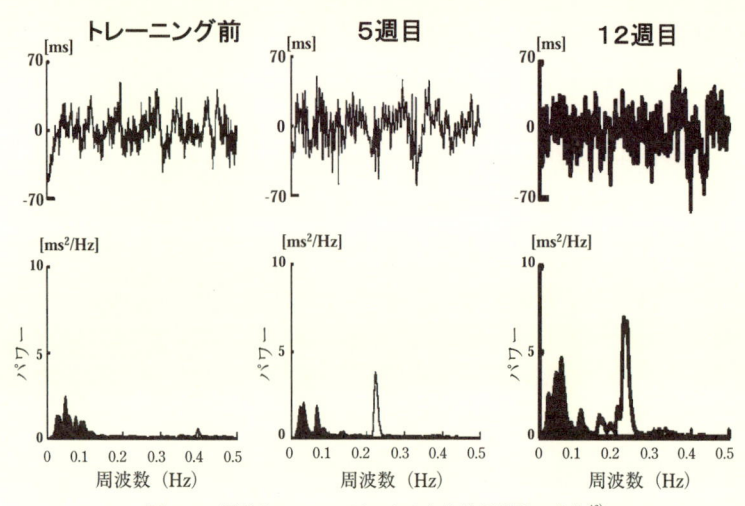

図8.15 運動トレーニングによる自律神経活動の変化[46]

検討している[31,32]．その結果，肥満児では非肥満児と比較して交感・副交感神経活動を反映するLF成分も副交感神経活動を反映するHF成分も有意に低下していることを明らかにした[31]．しかし，同じ程度の肥満であっても習慣的な運動習慣を有する児童では，運動習慣を有さない児童よりもLF，HF成分ともに有意に高値を示した[32]．そこで，ある小学校の全児童（305名）を対象として1年間の運動介入（心拍数130～140拍/分，20分/日，5回/週）を行った結果，介入前に自律神経活動が低下していた児童では，すべての自律神経活動の評価において有意な改善が認められた[33]．

これらの結果は，自律神経活動は可逆性をもっており，脂質代謝や食欲調節機能の中枢である自律神経活動の低下に起因する小児肥満や中年肥満も習慣的な運動の励行によって予防できることを強く示唆するものである．2005年のヨーロッパ肥満学会に参加したが最も衝撃的な基調講演は"Rather Fat and Fit than Lean and Sedentary"で，肥満していても運動習慣がある人の方がスリムで身体的不活動な人たちよりも圧倒的に病気の罹患率や死亡率が低いことが報告された．軽い歩行程度の運動でも，筋肉から免疫強化や生活習慣病の予防・改善につながる多数の遺伝子をONにするマイオサイトカイン（筋由来生理活性物質）が放出されることも明らかにされた．肥満の小児や中年太りの男女性諸君に習慣的

な運動を励行して，このすばらしい遺伝子をスイッチ ON されることをおおいに期待したいものである．

b. 運動と脳由来神経栄養因子

最近特に注目を浴びているのは運動トレーニングが大脳に及ぼす影響であり，特に学習・記憶を司る海馬での**脳由来神経栄養因子**（brain derived neurotrophic factors：BDNF）である[47,48]．図 8.16[47] は，運動トレーニング中に増加する BDNF の主な機能を著者が翻訳してリストアップしたものであるが，その働きは脳神経可塑性，神経栄養伝達，学習能改善，および脳神経細胞保護（虚血からくる脳損傷の抑制など）の多岐にわたるものである．特に注目したいのが，この BDNF のシナプス伝達亢進，**長期記憶**（long term potentiation）の増強，学習能改善およびシナプスタンパク合成などの機能である．図 8.17[47] はラットを 7 日間自由に走らせたときの海馬における BDNF の mRNA の発現を記録したもので，コントロール試行時よりも顕著に遺伝子の発現が認められる．図 8.17B は運動トレーニング群とコントロール群のラットの BDNF タンパク量を比較したもので，運動群では約 2 倍にも増加している．興味深いことに BDNF の増加はトレーニング時の走行距離に依存しており，長期にわたる運動トレーニングによっては著しい増加が起こる可能性が示唆される．

一方，ラットの子宮を摘出して閉経を迎えたホルモン環境下で，女性ホルモン（エストロゲン）投与と運動の組合せで BDNF が増加することが報告されている（図 8.18)[48]．ヒトへの実験結果の適用がどれだけ可能かは多少疑問が残るが，閉

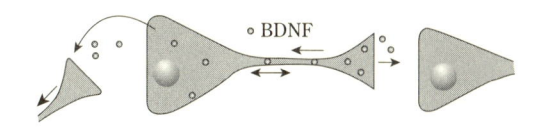

図 8.16 運動で脳由来神経栄養因子は増加する[47]
脳由来神経栄養因子の主な働き
神経可塑性：長期記憶（LTP）増，シナプス伝達亢進，学習能改善，シナプスタンパク合成促進
神経栄養伝達：神経細胞生存促進，神経細胞分化促進，神経細胞分岐促進
神経保護作用：虚血損傷抑制，神経軸策損傷抑制

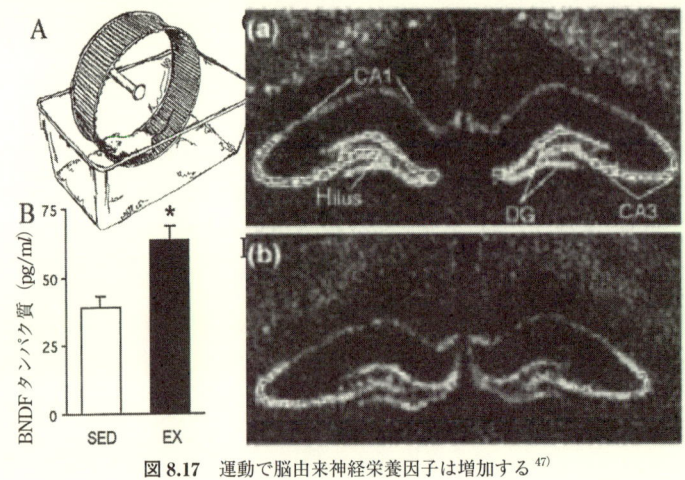

図 8.17 運動で脳由来神経栄養因子は増加する[47]

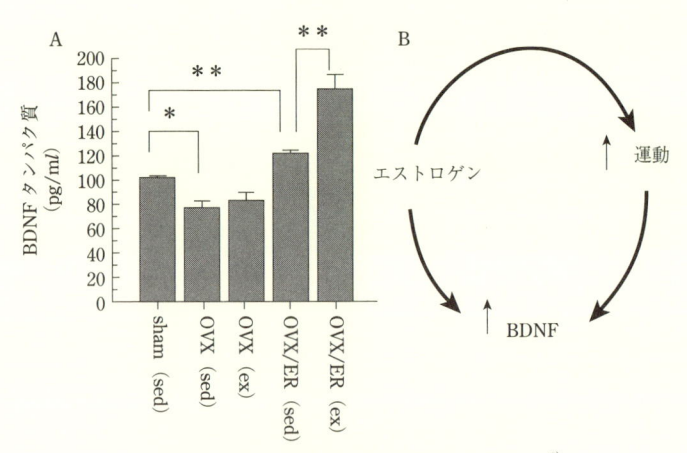

図 8.18 運動で脳由来神経栄養因子は増加する[48]

経後の女性ではBDNFが減少してくることから，女性ホルモン投与は骨粗鬆症予防だけでなく，運動療法と組み合わせることにより脳機能の維持にも有効である可能性も出てくる．また，運動はうつに対して有効であるとされるが，抗うつ剤投与により運動と同様にBDNFが増加することも明らかになっている．効果は運動の方が大きいが，抗うつ剤投与と運動の組合せではさらに大きい効果が期待できる[47,48]．脳機能維持を目的とした運動となれば運動療法の見方も変わる可

8.6 食品成分と自律神経
a. セサミンの生理学的効果

ゴマは古来より健康を増進する食品として広く親しまれてきたが，近年そのさまざまな生理活性が科学的に解明されつつある．なかでもゴマに特徴的な成分であるリグナン類のもつ生理活性が注目を集めている．セサミンはこのリグナン化合物の一種であり，ゴマに0.5～1％程度含まれおり，肝臓でカテコール体セサミンに変換され強力な抗酸化活性を示すことが報告されている[49,50]．セサミンの生理活性としてはこれまでに，肝における過酸化脂質生成抑制効果，アルコール分解促進作用に基づく肝機能増強作用，癌細胞増殖抑制効果，コレステロールの吸収抑制による血清コレステロール低下作用，ならびに免疫機能への影響などが報告されている．

近年，高血圧の発症要因のひとつとして血管系における酸化ストレスの亢進と血管内皮細胞障害との関連性が注目されている．本態性高血圧モデルである高血圧自然発症ラット（SHR）にスーパーオキシドジスムターゼ（SOD）を投与すると血圧が低下すること，アンジオテンシンⅡ持続注入による高血圧モデルにおいて，SODの慢性投与が血圧の上昇を抑制することも報告されている[51,52]．高血圧を含めた種々の循環器疾患の発症や進展に活性酸素が関係することが明らかになってきたが，セサミンは生体内で効果的に働く強力な抗酸化剤であることから，ヒトにおける有効性も期待がもてる[53]．

b. セサミンと活性酸素

ヒトへのセサミンの効果を直接検証するために，クリニックに受診に訪れた44～59歳の更年期障害の症状を有する女性14名を対象とし，セサミンが自律神経活動と血管弾性に及ぼす影響について検討した．対象者を無作為に2群に分け，一方の群にはセサミンとビタミンEの混合カプセル（セサミン＋VE；セサミン10 mg，ビタミンE60 mg/3粒）を，もう一方の群にはプラセボカプセルを1日3粒，それぞれ4週間継続して摂取させた．サンプル摂取前後に，仰臥位にて血圧と心電図を計測し，得られた収縮期血圧と平均血圧より血圧波動指数を算出して，血管弾性の指標とした[6]．また，心電図の心拍変動パワースペクトル解

析により，心臓自律神経活動動態を評価した．更年期障害症状については簡易更年期指数（SMI）を指標に評価した（図8.19）．その結果，セサミン+VEの4週間摂取により，総自律神経活動，交感および副交感神経活動の亢進が認められ，特に副交感神経活動の亢進が顕著であった．血圧も正常化する傾向が認められ，血管弾性においてはセサミン+VE摂取群で有意に改善することが明らかとなった．更年期障害症状についても，血管運動神経障害の改善傾向が認められた．

運動は生活習慣病予防に有用である一方で，運動中には，活性酸素の発生亢進や，心臓副交感神経活動の減衰による突然死などの危険を有する．そこで筆者らは，激運動時の脂質過酸化に対するセサミンの抑制効果について男子大学生を対象に検討した．その結果，最大心拍数の80〜90%相当の20分間の高強度運動に伴い，プラセボ摂取時には血漿過酸化脂質濃度の有意な上昇が観察されたが，運動前のセサミンおよびビタミンE経口投与によりその上昇が抑制された[53]．この実験により，セサミンはビタミンEと同様もしくはそれ以上に激運動による活性酸素の害を抑制する強力な抗酸化剤として有用であることが示唆された．

さらに，喫煙も，交感神経活動の亢進や酸化ストレスが循環器疾患のリスクを高める可能性があるため，喫煙に伴う心臓自律神経活動動態の変化とセサミンの

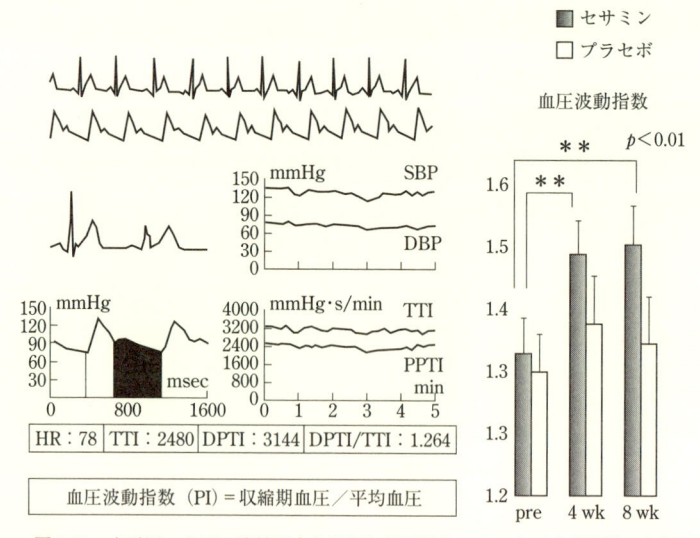

図8.19 心電図，血圧の連続測定と信号加算平均法による血圧波動指数の評価

作用についても検討を加えた．実験では，健常な男子大学生9名にセサミンとビタミンEの混合カプセル（セサミン＋VE；セサミン 10 mg，ビタミンE 60 mg/3粒）あるいはプラセボカプセルを摂取させた後，喫煙（市販煙草1本）を負荷し，連続的に心電図を記録して心臓自律神経活動の変化を調べた．また，心臓脱・再分極時間の指標として Q-T 間隔を測定した．その結果，喫煙直後では有意な心拍数の増加と心臓交感神経活動指標の増加，ならびに副交感神経活動の顕著な低下が認められた．セサミン＋VE 投与時では喫煙による顕著な副交感神経活動の低下は有意に抑制された．また，プラセボ試行では喫煙後に有意な Q-T 間隔の延長が認められたが，セサミン投与時ではこの Q-T 間隔の遅延は認められなかった．以上から，喫煙前のセサミンの摂取により，心因性突然死の危険因子である心電図 Q-T 間隔の遅延や顕著な心臓自律神経活動への影響を緩和させる可能性が示唆された[54]．

c．カフェイン

1) 脳波および自律神経活動への影響　コーヒーなどに含まれるカフェインがヒトの自律神経活動を亢進させることは先行研究で明らかにされてきた[55,56]．そこで，カフェイン独自のリラクゼーション効果も含めた神経生理学的作用を検討するために3種類の温飲料（コーヒー，デカフェネイテッドコーヒー，さ湯）を3日間に分けてランダムに摂取し，摂取前後，および 30, 60, 90 分後に自律神経活動，エネルギー代謝，および脳波を測定した．コーヒーには約 100 mg のカフェインが含まれている．

その結果，総自律神経活動を反映する心拍変動パワースペクトルの総パワーは，両コーヒーの摂取後，顕著にその時間効果が認められた．一方，副交感神経活動については，コーヒーの摂取後のみにその時間効果が認められた．脂肪代謝の指標である呼吸商についても，コーヒーの摂取後では，さ湯の摂取後に比べて，顕著に低下した．このことから，コーヒーの顕著な脂質代謝の亢進作用が実験的に確認できた[57]．

図 8.20 は脳波の解析に用いた脳波ディコンポジション解析結果の例である．この図は高速フーリエ変換によって得られた脳波周波数パワースペクトルを逆フーリエ変換により，任意の周波数帯域のみを源信号から抽出してプロットしたものである．その結果，リラクゼーションの指標である α 波が脳波に占める割合

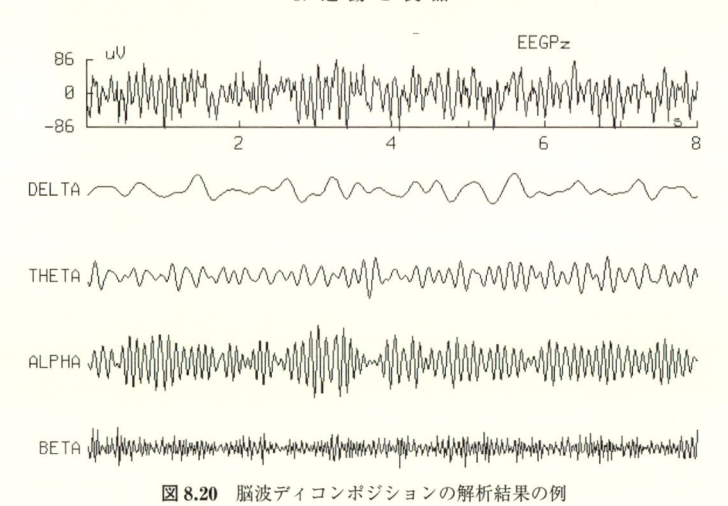

図 8.20 脳波ディコンポジションの解析結果の例

に関しては，さ湯の摂取後，有意にその減衰が認められたが，両コーヒー摂取後には，有意な低下は見られなかった[57]．

以上の結果から，コーヒー中のカフェインが交感神経活動，副交感神経活動の両方を増強すること，また，コーヒー特有の物質（特有の香り，苦味など）が総自律神経活動を増強し，脂質代謝を高める可能性が示唆された．また，間接的にではあるが，コーヒー特有の物質が，リラクゼーション効果をもつことが示された．

一方，カフェイン摂取は自律神経を介して脂質酸化とエネルギー消費の両方を刺激し，安静時エネルギー消費量の増大だけでなく基質としての脂質の動員とその酸化を刺激する．カフェイン経口投与（300 mg）が運動中の自律神経活動動態やエネルギー代謝に及ぼす影響をヒトにおいて検討した報告[56]では，30分間の40～50％の最大運動強度に相当する持久的運動において，プラセボ投与時に比較して有意な自律神経活動亢進と脂質酸化をもたらすことが明らかになっている．このことから，カフェインは運動中の脂質酸化の亢進をもたらす有用な食品成分であることが示唆された．

d. 海洋深層水

生体の生理機能を維持していくうえで無機質（ミネラル）の適切な摂取は欠かせない．また，生活習慣病との関連が注目されているミネラルとして，マグネシ

ウムやカリウムがあり，マグネシウム不足は，脳卒中，冠動脈疾患や腎不全，血栓症を惹起させうる可能性が指摘されている．またカリウムやマグネシウムには降圧効果が認められており，高血圧患者の利尿薬による低カリウム血症や低マグネシウム血症は逆に心室性不整脈の発現や心機能の低下をもたらし，心因性の突然死の発生が懸念される[58]．

以上のミネラルの補給源として，海洋深層水はマグネシウム，カルシウムなどの主要ミネラルをはじめ85種類の自然のミネラルを体組成に近いバランスで含まれているとされ，その機能性が注目されている．そこで，筆者らは海洋深層水が心臓血管系に及ぼす影響を検討するために次の実験を行なった．被験者は，平均年齢42歳の21名の成人男性で，市販の海洋深層水（S社）でナトリウムが除去されているものを使用した．海洋深層水を1日1.5 l，5週間連続で摂取し，摂取期間の前後に，安静時と運動負荷時の心電図測定ならびに運動負荷前後の採血を行った．その結果，5週間の摂取後では血中中性脂肪と血糖値は有意に低下した．興味深いのは，これらの効果は，摂取前の中性脂肪や血糖値が高い人ほど顕著に改善効果が認められた点で，これらの被験者はリンパ球中マグネシウム濃度の初期値が平均以下であったが，海洋深層水の5週間の摂取後にはその濃度が大幅に改善していた．中性脂肪，血糖値の改善効果はマグネシウムが脂質代謝や糖代謝関連の酵素を活性化させた可能性を示唆する．また，同時に測定した心筋脱分極・再分極時間を反映する心電図 RT（recovery time）や Q–T 間隔も5週間の海洋深層水摂取により有意に短縮したことから，運動中の不整脈や突然死の予防にも有効であると考えられる[9]．

e. カプサイシン摂取とエネルギー代謝

トウガラシに含まれる香辛料辛味成分カプサイシンは，交感神経系を介した副腎のアドレナリン分泌や褐色脂肪組織中の UCP1 誘導によるエネルギー代謝亢進作用を有する[27,59,60]．また，ヒトにおいても比較的多量の香辛料辛味成分を食事とともに摂取すると，食事誘発性熱産生（DIT）の増大が認められることが報告されている[29]．一方，小児は成人よりも熱産生における褐色脂肪組織の役割が大きく，香辛料辛味成分の影響を成人よりも大きく受けると考えられるが，この点に関する研究はきわめて少ない．

永井ら（2003）は香辛料辛味成分が小児の DIT と満腹感に与える影響につい

て交感神経活動動態とあわせて検討している．8～11歳の健康な男児13名に，体重1kg当たり16kcal，糖質エネルギー比70％に調整した辛口カレーライス（HC＋Spice食）およびカレーより香辛料を除去して作成した擬似カレーライス（HC食）を，それぞれ別の日の午前中にランダムな順序で負荷し，食前（安静時）および食後3時間まで30分間隔で心電図，呼気ガスを測定し，加えてVisual analog scales（VASs）による満腹感スコアを記録した．その結果，HC＋Spice食はHC食よりも，食後のエネルギー消費変化率，熱産生に関与する交感神経成分ともに有意に高く，DITも有意に高値を示した（42.9±11.4 vs. 30.7±10.6kcal）．満腹感スコアはHC＋Spice食で高値を維持した．

以上の結果より，日常的に無理なく摂取できる量の香辛料辛味成分であっても小児の熱産生を増加させ満腹感を維持する作用を有すること，および，これらの熱産生や満腹感の持続には交感神経活動の亢進が関与する可能性が示唆された[10,29]．

f. レモン，グレープフルーツ摂取と自律神経活動動態

自律神経系は交感・副交感神経活動のバランスにより制御され，生体の活動・休息に伴う概日リズムを有するが，都市化などの"環境の突然の変異"によるバランスの崩れがエネルギー代謝に影響し代謝性疾患を惹起するとの仮説が近年提唱されている[61]．一方，ラットではレモンやグレープフルーツの香りが交感神経を興奮させることが報告されているが，ヒトでの作用は不明な点が多い．そこで筆者らはレモン，グレープフルーツ摂取がヒトの交感神経活動に及ぼす影響について検討した．実験では，非肥満・非喫煙の若年女性13名（21.2±0.4歳）に，同じエネルギー，容量に調整した，ブドウ糖溶液（対照：CT），グレープフルーツ果汁（GJ），グレープフルーツ果肉（GF），レモン果肉（LE）を別々の日の朝9時にランダムな順序で負荷した．安静時および摂取後60分まで心電図を記録し，心拍変動解析により交感（SNS index）・副交感神経活動指標（PNS index）を求めた（図8.21）．

その結果，試験食負荷後のSNS indexは，CTでは変化せず，レモン，グレープフルーツ負荷後に有意な上昇が認められ，その程度はLE，GF，GJの順に高かった．

試験食負荷後の交感神経活動の上昇は，同じグレープフルーツでも果汁より果

8.6 食品成分と自律神経

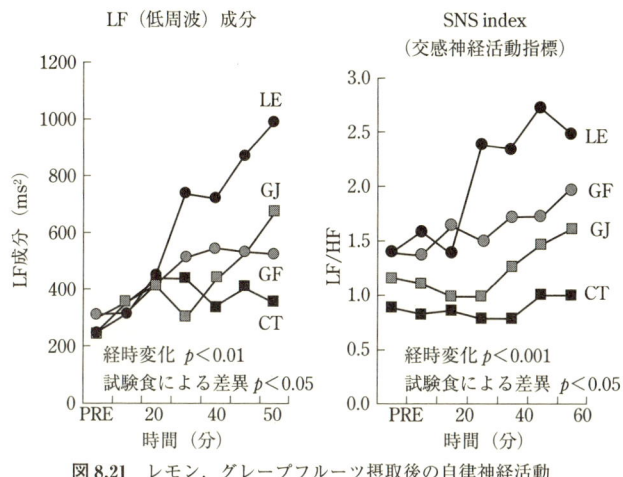

図8.21 レモン，グレープフルーツ摂取後の自律神経活動

肉の方が高く，レモンで最も高かったことから，味，匂い両方の刺激を介して交感神経活動が亢進しているものと推察された（Nagai，未公表データ）．以上の結果はレモン，グレープフルーツ摂取が朝の自律神経バランスを交感神経優位に整える可能性を示唆するものである．

g. 高脂肪食と自律神経活動動態

近年，高脂肪食がカテコラミン分泌を亢進させ心拍数を上昇させること[7,36,62]や，心臓の α-アドレナリン受容体の感受性を亢進させること[63]，心臓の再分極時間を遅らせ，いわゆる突然死の原因となる Q-T 間隔遅延をもたらすこと[64] が報告されており，肥満のみでなく心臓血管系への影響も懸念されている．筆者らはこれまでに，UCP1 遺伝子変異（-3826A/G）の GG アレル小児では，高炭水化物食の摂取後の自律神経活動には，有意な差が認められないが，高脂肪食摂取後には熱産生に関与する交感神経活動成分（VLF）は有意に増加するものの，食事誘発性熱産生は正常型（AA）および片方のみの変異である AG と比べて低いことを見いだしている[36]．

筆者ら（2005a）の最近の研究では，朝食欠食や三大栄養素の比率が食後の血糖値，満腹感，エネルギー消費量（EE），自律神経活動に及ぼす影響を UCP1 遺伝子多型とともに検討している[65]．健常者 8 名に総摂取エネルギーが等しい 4 試行の朝食＋昼食（CC：高糖質食＋高糖質食，SC：欠食＋高糖質食 2 食，FF：高

脂肪食＋高脂肪食，SF：欠食＋高脂肪食2食）を負荷した結果，CC試行ではFF試行よりも朝食後3時間の血糖値，満腹感，EEが有意に高く，6時間の熱産生も4試行中最も高値であった．特に，朝食欠食（SC，SF）試行では熱産生が低く，昼食後に心拍数の著増を認めた．UCP1遺伝子のGGアレルを有する者は2名と少数であったが有意に熱産生が低く，高脂肪食摂取後により顕著にこの傾向が認められた．以上は，耐糖能正常者では米飯を主体とする朝食の摂取が肥満予防に寄与する可能性を示唆するとともに，遺伝的背景への配慮の必要性を示すものである．

h. アンジオテンシンII 2型受容体遺伝子多型（3826C/A）と自律神経活動，食塩摂取

アンジオテンシンIIは1型受容体（AT_1）を介し血圧を上昇させるが，2型受容体（AT_2）はAT_1と拮抗して働くため，AT_1とAT_2の発現バランスが血圧調節に重要であると考えられている．AT_2はX染色体上にコードされエクソン3の3'非翻訳領域でシトシンがアデニン置換した変異（3123C/A）が発見されており，変異と高血圧発症の関連は興味深いが不明な点が多い．筆者らは，ヒトでのAT_2変異と血圧調節を司る自律神経活動，食塩味覚閾値・摂取量との関連性を非肥満の若年女性（20～23歳）53名を対象にして検討した．食塩味覚閾値は滴下法により0.1～1.0％の10段階で評価した．

その結果，被験者53名のうち正常型（CC）18名，片方のみの変異（AC）28名，変異型（AA）7名（アリル頻度0.40）で，AAに着目した検討を行った．各群間の血圧に差はなかったが，AA群では自律神経全体の活動度を表すTP，レニン-アンジオテンシン系の活動帯域をその中に含むとされるVLF，交感神経活動を表すLFがCC＋AC群よりも有意に高かった．食塩味覚閾値には差がないにもかかわらず，AA群では食塩摂取量が有意に多かった（AA, 5.5±0.8 vs. AC＋CC, 4.5±0.2 g/1000 kcal/日）．これらの結果を考察すると，AT_2遺伝子多型は中枢性の圧受容体反射調節機能を弱め，過敏な圧受容体反射と交感神経亢進により血圧上昇に働くが[66]，若年健常者では変異（AA）を有していても自律神経機能が高いため血圧を下げる方向に代償的な調節が行われている可能性が示唆された．しかし，食塩味覚閾値が同程度でありながら食塩摂取量が多いことや，加齢に伴う自律神経機能低下により将来高血圧を発症する可能性が高いと考えられる

(Nagai, 未公表データ).

最近,筆者らは本態性高血圧に関与する細胞内シグナル伝達に関与するGタンパク β_3 サブユニット遺伝子(*GNB3*)の変異が心臓自律神経活動に影響を与える可能性を示唆する結果も報告しており[67],血圧調節関連遺伝子変異と心臓自律神経活動の関連が示唆される.

引用文献

1) 真島英信(1973)生理学,文光堂
2) 松川寛二(2001)自律神経と心腎臓.宮村実晴(編):新運動生理学(下巻),pp.102-111
3) Billman GE, Hoskins RS (1989) Time-series analysis of heart rate variability during submaximal exercise: evidence for reduced cardiac vagal tone in animals susceptible to ventricular fibrillation. *Circulation*, **80**: 874-880
4) Billman GE (1992) Cellular mechanisms for ventricular fibrillation. *News Physiol Sci*, **7**, 254-259
5) Akselrod S, Gordon D, Ubel FA, Shannon DC, Barger AC, Cohen RJ (1981) Power spectrum analysis of heart rate fluctuation: a quantitative probe of beat-to-beat cardiovascular control. *Science*, **213**, 220-222
6) 森谷敏夫,林 達也,枡田 出,見正冨美子,中尾一和(1997)運動前後における脳波,自律神経,血圧・循環調節ホルモンの変化.運動生化学,**9**, 112-115
7) Matsumoto T, Miyawaki T, Ue H, Kanda T, Zenji C, Moritani T (1999) Autonomic responsiveness to acute cold exposure in obese and non-obese young women. *Int J Obesity*, **23**, 793-800
8) Matsumoto T, Miyatsuji A, Miyawaki T, Yanagimoto Y, Moritani T (2003) A potential association between endogenous leptin and sympatho-vagal activities in young obese Japanese women. *Am J Human Biol*, **15**, 8-15
9) 森谷敏夫,永井成美(2004)運動効果を生かす食品.血圧,**11**(12), 1297-1302
10) 永井成美,坂根直樹,鳴神寿彦,久下沼裕,森谷敏夫(2003)香辛料辛味成分が小児の食事誘発性熱産生,満腹感,及び交感神経活動へ及ぼす影響.肥満研究,**9**, 52-59
11) Nagai N, Sakane N, Hamada T, Kimura T, Moritani T (2005a) The effect of a high-carbohydrate meal on postprandial thermogenesis and sympathetic nervous system activity in boys with a recent onset of obesity. *Metabolism*, **54**, 430-438
12) Moritani T, Hayashi T, Shinohara M, Mimasa F, Shibata M (1993) Comparison of sympatho-vagal function among diabetic patients, normal controls and endurance athletes by heart rate spectral analysis. *J Sports Med Sci*, **7**, 31-39
13) Moritani T, Hayashi T, Shinohara M, Mimasa F, Masuda I, Nakao K (1995) Sympatho-vagal activities of NIDDM patients during exercise as determined by heart rate spectral analysis. In: Glucose Fluxes, Exercise and Diabetes, Smith-Gordson Ltd, London, pp 179-184
14) Moritani T, Kimura T, Hamada T, Nagai N (2005) Electrophysiology and kinesiology for health and disease. *J Electromyogr Kinesiol*, **15**, 240255
15) 森谷敏夫,林 達也,篠原 稔,見正冨美子,柴田真志,桝田 出,中尾一和(1994)安静時及び運動負荷時における糖尿病患者の自律神経活動:心拍変動スペクトル解析による比較検討.別冊プラクティス/糖尿病の運動療法,29-35
16) Ue H, Masuda I, Yoshitake Y, Inazumi T, Moritani T (2000) Assessment of cardiac autonomic nervous activities by means of ECG R-R interval power spectral analysis and cardiac depolarization-repolarization process. *Ann Noninvasive Electrocardiol*, **5**, 336-345
17) 松本珠希,後山尚久,林 達也,森谷敏夫(2006)月経前症候群の発現に関与する神経生理学的要

因：黄体後期における自律神経活動動態と不定愁訴との関連．心療内科, 9, 359-366
18) Kimura T, Matsumoto T, Akiyoshi M, Owa Y, Miyasaka N, Aso T, Moritani T (2006) Body fat and blood lipids in postmenopausal women are related to resting autonomic nervous system activity. Eur J Appl Physiol, in print
19) Matsumoto T, Ushiroyama T, Morimura N, Moritani T, Hayashi T, Suzuki T, Tatsumi N (2006) Autonomic nervous system activity in the late luteal phase of eumenorrheic women with premenstrual symptomatology. J Psychosomat Obst Gynecol, in print
20) Oida E, Moritani T, Yamori Y (1997) Tone-entropy analysis on cardiac recovery after dynamic exercise. J Appl Physiol, 82, 1794-1801
21) Oida E, Kannagi T, Moritani T, Yamori Y (1999a) Diabetic alteration of cardiac vago-sympathetic modulation assessed with tone-entropy analysis. Acta Physiol Scand, 65, 129-134
22) Oida E, Kannagi T, Moritani T, Yamori Y (1999b) Aging alteration of cardiac vagosympathetic balance assessed through the tone-entropy analysis. J Gerontol, 54, M219-M224
23) Amano M, Oida E, Moritani T (2005) Age-associated alteration of sympatho-vagal balance in a female population assessed through the tone-entropy analysis. Eur J Appl Physiol, 94, 602-610
24) Jones JFX, Wang Y, Jordan D (1995) Heart rate responses to selective stimulation of cardiac vagal C fibers in anesthetized cats, rats and rabbits. J Physiol Lond, 489, 203-214
25) Shannon CE (1948) A mathemetical theory of communication. Bell Sys Tech J, 27, 379-423
26) Oida E, Kannagi T, Moritani T, Yamori Y (1999c) Physiological significance of absolute heart rate variability in postural change. Acta Physiol Scand, 165, 421-422
27) Ohnuki K, Moritani T, Ishihara K, Fushiki T (2001) Capsaicin increases modulation of sympathetic nerve activity in rats: measurement using power spectral analysis of heart rate fluctuations. Biosci Biotech Biomech, 65, 638-643
28) Bray GA (1991) Obesity, a disorder of nutrient partitioning: The MONA LISA hypothesis. J Nutr, 121, 1146-62
29) Matumoto T, Miyawaki C, Ue H, Yuasa T, Miyatsuji A, Moritani T (2000) Effects of capsaicin-containing yellow curry sauce on sympathetic nervous system activity and diet-induced thermogenesis in lean and obese young women. J Nutr Sci Vitaminol, 46, 309-315
30) Matumoto T, Miyawaki C, Ue H, Kanda T, Yoshitake Y, Moritani T (2001) Comparison of thermogenic sympathetic response to food intake between obese and non-obese young women. Obesity Res, 9, 78-85
31) Nagai N, Matsumoto T, Kita H, Moritani T (2003a) Interrelationship of the Autonomic Nervous System Activity and the State and Development of Obesity in Japanese School Children. Obesity Res, 11, 25-32
32) Nagai N, Moritani T (2004a) Effect of physical activity on autonomic nervous system function in lean and obese children. Int J Obesity, 28, 27-33
33) Nagai N, Hamada T, Kimura T, Moritani T (2004b) Moderate physical exercise increases cardiac autonomic nervous system activity in children with low heart rate variability. Child's Nervous System, 20, 209-214
34) Shihara N, Yasuda K, Moritani T, Ue H, Adachi T, Tanaka H, Tsuda K, Seino Y (1999) The association between Trp64Arg mutation of the β3-adrenergic receptor and autonomic nervous system activity. J Clin Endocrinol Metab, 84, 1623-1627
35) Shihara N, Yasuda K, Moritani T, Ue H, Uno M, Adachi K, Nunoi K, Seino Y, Yamada Y, Tsuda K (2001) Cooperative effect of polymorphisms of uncoupling protein 1 and β3-adrenergic receptor genes on autonomic nervous system activity. Int J Obesity, 25, 761-766
36) Nagai N, Sakane N, Ueno ML, Hamada T, Moritani T (2003b) The -3826 A → G variant of the uncoupling protein-1 gene diminishes postprandial thermogenesis after a high-fat meal in healthy boys. J. Clin. Endocrinol. Metabolism, 88, 5661-5667

引 用 文 献

37) Ueno LM, Moritani T (2003) Effects of long-term exercise training on cardiac autonomic nervous activities and baroreflex sensitivity. *Eur J Appl Physiol*, **89**, 109-114
38) Ueno LM, Miyachi M, Matsui T, Takahashi K, Yamazaki K, Hayashi K, Onodera S, Moritani T (2005) Effect of aging on carotid artery stiffness and baroreflex sensitivity during head-out water immersion in man. *Brazil J Med Biol Res*, **38**, 629-637
39) Shibata M, Moritani T, Miyawaki T, Hayashi T, Nakao K (2002) Exercise prescription based upon cardiac vagal activity for middle-aged obese women. *Int J Obesity*, **26**, 1356-1362
40) 大島秀武，志賀利一，森谷敏夫，桝田　出，林　達也，中尾一和（2003）運動時におけるリアルタイムでの心拍変動解析に基づく至適運動強度の決定．体力科学，**52**, 295-304
41) 宮脇尚志，阿部　恵，八幡兼成，梶山　登，勝間寛和，齋藤信雄，大島秀武，桝田　出，柴田真志，森谷敏夫（2003）心拍変動パワー値からみた新しい持久性体力（T_{HRV}体力）の評価及び肥満との関連．肥満研究，**9**, 110-115
42) 浅野勝巳（訳）（1985）栄養と身体作業．運動生理学，p.384, 大修館書店
43) American College of Sports Medicine (1990) Position stand on the recommended quantity and quality of exercise for developing and maintaining cardiorespiratory muscular fitness in healthy adults. *Med Sci Sports Exerc*, **22**, 265-274
44) 森谷敏夫（2003a）生活習慣病における運動療法の役割．リハビリテーション医学別冊，**40**, 430-435
45) 森谷敏夫（2003b）運動によるエネルギー代謝の変化．「肥満症―生理活性物質と肥満の臨床」，**61**, 277-282
46) Amano M, Kanda T, Ue H, Moritani T (2001) Exercise training and autonomic nervous system activity in obese individuals. *Med Sci Sports Exer*, **33**, 1287-1291
47) Cotman CW, Berchtold NC (2002) Exercise a behavioral intervention to enhance brain health and plasticity. *Trends Neurosci*, **25**, 295-301
48) Cotman CW, Engesser-Cesar C (2002) Exercise enhances and protects brain function. *Exerc Sport Sci Rev*, **30**, 75-79
49) Nakai M, Harada M, Nakahara K, Akimoto K, Shibata H, Miki W, Kiso Y (2003) Novel Antioxidative Metabolites in Rat Liver with Ingested Sesamin. *J Agric Food Chem*, **51**(6), 1666-1670
50) Ikeda T, Nishijima Y, Shibata H, Kiso Y, Ohnuki K, Fushiki T, Moritani T (2003) Protective effect of sesamin administration on exercise-induced lipid peroxidation. *Int J Sports Med*, **24**, 530-534
51) Matsumura Y, Kita S, Morimoto S, Akimoto K, Furuya M, Oka N, Tanaka T (1995) Antihypertensive effect of sesamin: I. Protection against deoxycorticosterone acetate-salt-induced hypertension and cardiovascular hypertrophy. *Biol Pharm Bull*, **18**, 1016-1019
52) Matsumura Y, Kita S, Ohgushi R, Okui T (2000) Effects of sesamin on altered vascular reactivity in aortic rings of deoxycorticosterone acetate-salt-induced hypertensive rat. *Biol Pharm Bull*, **23**(9), 1041-5
53) Moritani T (2004) The antioxidant and free radical scavenging effect of sesamin. In: B. Tan (ed), Perspectives — Novel Compounds From Natural Products in The New Millennium, pp.197-204
54) 森谷敏夫，林　達也，木村哲也（2003）喫煙に伴う心臓自律神経活動動態の変化と活性酸素の生成に対する新しい抗酸化物質セサミンの抑制効果．喫煙科学財団報告書
55) Hibino G, Moritani T, Kawada T, Fushiki T (1997) Caffeine enhances modulation of parasympathetic nerve activity in humans: Quantification using power spectral analysis. *J Nutr*, **127**, 1422-1427
56) Nishijima Y, Ikeda T, Takamatsu M, Kiso Y, Shibata H, Fushiki T, Moritani T (2002) Influence of caffeine ingestion on autonomic nervous activity during endurance exercise in humans. *Eur J Appl Physiol*, **87**, 475-480
57) 森谷敏夫（2005）コーヒーの抗肥満効果：自律神経活動とエネルギー代謝亢進の作用機序の解明．全日本コーヒー協会報告書
58) 石光俊彦（2004）高血圧性臓器障害の危険因子．日本臨床，**62**, 65-69

59) Kawada T, Hagihara K, Iwai K (1986a) Effects of capsaicin on lipid metabolism in rats fed a high fat diet. *J Nutr*, 116, 1272-1278
60) Kawada T, Watanabe T, Takaishi T, Tanaka T, Iwai K (1986b) Capsaicin-induced β-adrenergic action on energy metabolism in rats: Influence of capsaicin on oxygen consumption, the respiratory quotient, and substrate utilization. *Proc Soc Exp Biol Med*, 183, 250-256
61) Kreier F, Yilmaz A, Kalsbeek A, Romijn JA, Sauerwein HP, Fliers E, Buijsreier RM (2003) Hypothesis: Shifting the equilibrium from activity to food leads to autonomic unbalance and the metabolic syndrome. *Diabetes*, 52, 2652-2656
62) Grekin RJ, Vollmer AP, Sider RS (1995) Pressor effect of portal venous lactate infusion. A proposed mechanism for obesity hypertension. *Hypertension*, 26, 195-198
63) Stepniakowski KT, Goodfriend TL, Egan BM (1995) Fatty acids enhance vascular α-adrenergic sensitivity. *Hypertension*, 25, 774-778
64) Marfella R, DeAngelis L, Nappo F, Manzella D, Siniscalchi M, Paolisso G (2001) Elevated plasma fatty acid concentrations prolong cardiac repolarization in healthy subjects. *Am J Clin Nutr*, 73, 27-30
65) 永井成美, 坂根直樹, 森谷敏夫 (2005) 朝食欠食, マクロニュートリエントバランスが若年健常者の食後血糖値, 満腹感, エネルギー消費量, 及び自律神経活動へ及ぼす影響. 糖尿病, 48, 761-770
66) Gross V, Plehm R, Tank J, Jordan J, Diedrich A, Obst M, Luftet FC (2002) Heart rate variability and baroreflex function in AT_2 receptor-disrupted mice. *Hypertension*, 40, 207-213
67) Matsunaga T, Nagasumi K, Yamamura T, Gu N, Nishikino M, Ueda Y, Moritani T, Aoki N, Tsuda K, Yasuda K (2005) Association of C825T polymorphism of G protein β3 subunit with the autonomic nervous system in young healthy Japanese Individuals. *Amer J Hyperten*, 18, 523-529

索　引

あ 行

亜鉛欠乏　93
アクチンフィラメント　81
アストロサイト　111
アスパラギン酸　6
アスリート　15
アセチル CoA　5, 108
アセチル CoA カルボキシラーゼ　104
アセチルカルニチン　102
アセト酢酸　120
アセトン　120
圧受容体反射　152
アデノシン三リン酸　19, 65
アドレナリン　67, 108, 149
アナボリックホルモン　59
アミノ酸　19
アミノ酸サプリメント　16
γ-アミノ酪酸　3
δ-アミノレブリン酸デヒドラターゼ　84
アラニン　6
安全運動閾値　139
安全作業閾値　138
アンドロゲン　59
アンモニア　2

胃　111
イソクエン酸デヒドロゲナーゼ　86
イソロイシン　1
一酸化窒素　29
インスリン　13, 30, 108

インスリン依存的糖輸送促進　24
インスリン感受性　31
インスリン受容体基質1　31
インスリン抵抗性　36
インスリン非依存的糖輸送促進　24
インスリン様成長因子　59, 93

運動習慣　142
運動性貧血　93, 94
運動直後摂取　16
運動直前摂取　16
運動トレーニング　38
運動負荷試験　134
運動療法　37

栄養機能食品　98
エストロゲン　89
エネルギー消費量　151
エネルギー代謝　5, 48, 100, 107
炎症性サイトカイン　53

横行小管　27
2-オキソグルタル酸デヒドロゲナーゼ　86

か 行

解糖系　101
海洋深層水　148
ガウス分布　133
拡張型心筋症　139
過酸化脂質　96
下垂体　118

風邪　50
活性酸素　146
活性酸素種　28
活性窒素種　28
カテコラミン　110
カフェイン　27, 147
カルシウム依存性 ATP アーゼ　88
カルシウムポンプ　83
カルシトニン　88
カルシトニン遺伝子関連ペプチド　106
カルシニューリン　62
カルニチンパルミトイルトランスフェラーゼ1　104
カルモジュリン　85
感染　50
肝臓　4, 10, 107

基質準位のリン酸化　20
希釈性貧血　96
喫煙　146
喫煙習慣　137
虚血性心疾患　141
筋形質　81
筋原繊維　81
筋交感神経活動　125
筋収縮　82
筋小胞体　27
筋繊維　81
筋タンパク質合成　12
筋タンパク質分解　14
筋肉痛　15

クエン酸回路　5, 85

索　引

グリコーゲン　7, 32, 48, 65, 73, 85, 102
グリコーゲン分解　107
グリコーゲンホスホリラーゼ　85
グリコーゲンホスホリラーゼキナーゼ　85
グリセロール　109
グルカゴン　108
グルコース　19, 107
グルコース-アラニン回路　11, 106
グルコース-脂肪酸回路　104
グルコースホスファターゼ　107
グルタチオンペルオキシダーゼ　97
グルタミン　3
グルタミン酸　3, 6
クレアチンキナーゼ　15
クレアチンリン酸　67
クレアチンリン酸系　101
クロスブリッジ　82

血圧降下作用　141
血圧調節　125
血圧調節関連遺伝子変異　153
血圧波動指数　145
血液ドーピング　87
血液脳関門　11, 112
月経異常　90
月経前症候群　129
結節乳頭核　118
血中アミノ酸組成　6
血中乳酸　137
血糖値　149
α-ケトイソカプロン酸　10
α-ケトグルタル酸　3
ケトン体　107, 120
嫌気性代謝閾値　137
嫌気的代謝　100

抗炎症性サイトカイン　53
交感神経　124
交感神経系　114, 116
好気的代謝　100
高血圧自然発症ラット　145
抗酸化剤　29
高周波成分　128
恒常性　124
甲状腺ホルモン　57, 63
香辛料辛味成分　149
高速フーリエ変換　147
更年期障害　146
呼吸交換比　49, 69
呼吸商　49, 69
骨亜鉛　90
骨塩　88
骨格筋　1
骨基質　88
骨吸収　88
骨形成　88
骨小腔　88
骨粗鬆症　89
骨マグネシウム　90
コハク酸-CoQ レダクターゼ複合体　87
コルチコトロピン放出因子　121
コルチゾール　107

さ　行

最大酸素摂取量　72, 140
サイトカイン　46
細胞内シグナル伝達　153
サプリメント　97, 98
サルコメア　82
酸化ストレス　28, 95, 145
酸化的リン酸化　19
酸化物質　28
酸素摂取量　67
酸素負債　101

視床下部　107, 113, 135
室房核　114
脂肪細胞　135
脂肪酸　19, 107
脂肪組織　109
脂肪燃焼率　140
主観的運動強度　12
循環調節　124
消化管　111
情報理論　130
食塩味覚閾値　152
食事誘発性熱産生　151
食欲調節機能　142
自律神経　124
自律神経系　108
心筋脱極・再分極時間　129
神経栄養伝達　143
神経性循環調節機能　126
心周期　130, 131
心臓　109
腎臓　111
心電図 Q-T 間隔　129
心電図 R-R 間隔　126
心拍加速・減速　131
心拍加速・減速時間　130
心拍のゆらぎ　127
心拍変動係数　128, 133
心拍変動スペクトル解析　127
心拍ゆらぎのパワー　138
心不全　126

膵臓　110
スーパーオキシドアニオン　28
スポーツ飲料（ドリンク）　76, 91

成長ホルモン　59, 107
赤色筋　83
セサミン　145
摂取タイミング　15
摂食中枢　135
セルロプラスミン　84

索引

セレン　97
セロトニン　11
セロトニン仮説　45
セロトニントランスポーターの選択的阻害剤　46
漸増運動負荷運動　138

相対的占有率　131
速筋繊維　83
ソマトメジンC　93

た　行

耐糖能正常者　152
脱共役タンパク質　135
脱水　70
炭水化物　7
男性ホルモン　59
タンパク質サプリメント　16
タンパク質摂取量　15

遅筋繊維　83
致死性不整脈　129
チトクローム　84
チトクローム c オキシダーゼ複合体　87
中高年男性　141
中枢神経系　113
中枢性疲労　11
中性アミノ酸輸送体　11
中性脂肪　149
陳旧性心筋梗塞症　139

低周波成分　128
低ナトリウム血症　92
デキストリン　76
テストステロン　59
鉄-イオウタンパク質　87
鉄欠乏　84〜87
鉄欠乏性貧血　94
電子伝達系　87

トウガラシ　149
銅欠乏　84, 85
糖原性アミノ酸　11
洞室伝導時間　125
糖新生　107
糖代謝改善　140
糖毒性　35
糖尿病性自律神経障害　128
糖輸送　21
糖輸送担体　21
特有の香り　148
突然死　127
トランスロケーション　22
トリグリセリド　102, 109
トリプトファン　11, 45
トロポニン　81
トロポミオシン　82

な　行

内臓脂肪型肥満者　140
内分泌系　113
内分泌代謝疾患　136
ナトリウム　91
鉛中毒　85

二次元座標空間　134
乳酸　44
ニューロン　111
尿素　2, 4

熱けいれん　92
熱産生　136
熱中症　92
熱疲憊　92

脳　108, 111
脳神経可塑性　143
脳脊髄液　46
脳卒中　149
脳波ディコンポジション解析　147

脳由来神経栄養因子　143
ノルアドレナリン　110

は　行

白色筋　83
白色脂肪組織　135
発熱　50
ハプトグロビン　95
パラトルモン　88
バリン　1

ヒスタミン　118
ビタミンC　96, 97
ビタミンE　96, 97
必須アミノ酸　1
ヒドロキシアパタイト　88
β-ヒドロキシ酪酸　120
非肥満児　142
肥満　36
肥満関連遺伝子多型　128
肥満児　142
肥満度　136
肥満歴　136
百分率　130
標準偏差　133
ビリルビン酸　5, 11
ビリルビン酸脱水素酵素複合体　8, 103
ビリルビン酸デヒドロゲナーゼ　85
ビリルビン酸デヒドロゲナーゼホスフアターゼ　86
疲労　43
疲労感　44
疲労骨折　89
疲労度　43
貧血　93

フェリチン　84
フェロキラターゼ　84
副交感神経　124

副交感神経系　114, 116
副腎髄質　110
副腎皮質刺激ホルモン　107
腹内側核　114
プリンヌクレオチドサイクル　3
分岐鎖アミノ酸　1, 7, 45
分岐鎖 α-ケト酸　10
分岐鎖 α-ケト酸脱水素酵素キナーゼ　7
分岐鎖 α-ケト酸脱水素酵素複合体　7, 10
分岐鎖 α-ケト酸脱水素酵素ホスファターゼ　8

閉経　143
ヘム　84
ヘモグロビン　84
ペルオキシソーム増殖因子活性化受容体　61, 63

房室結節　126
ホスホフルクトキナーゼ　3
ホメオスタシス　124
ホルモン感受性リパーゼ　67, 109

ま 行

マグネシウム　87
マロニル CoA　104
慢性心不全患者　139
満腹感スコア　150

ミオグロビン　84
ミオシン　81
ミオシン重鎖　56
ミオシンフィラメント　81
ミオスタチン　59
ミトコンドリア　7

無機質　148

無酸素性作業閾値　71
無酸素的代謝　100

迷走神経　125
メタボリックシンドローム　141
メッセンジャー RNA　14
免疫強化　142

網状赤血球　95

や 行

薬理ブロック　127

有酸素的代謝　100
遊離脂肪酸　67

溶血　94
溶血性貧血　94

ら 行

ラット　10

リジルオキシダーゼ　91
リモデリング　88
リラクゼーション効果　148

レジスタンス運動（トレーニング）　17, 58
レプチン　117, 135

ロイシン　1, 5, 13

欧 文

α 作用　118
ACC　104
ACTH　107
AICAR　25
AMPK　25, 105, 118

AMP デアミナーゼ　3
AT　71
ATP　19, 65, 67, 87, 100
ATP アーゼ　88

β3 作用　117
β3 受容体　117
β 酸化　107
BCAA　1, 6, 7, 14
BCAA アミノ基転移酵素　7, 10

C ペプチド　30
CaMKK　26
CGRP　106
CNS　113
CoQ-チトクローム c レダクターゼ複合体　87
Cori 回路　106
CPT 1　104
CRF　121

F-アクチン　81

G-アクチン　81
GABA　3
GH　107
GLUT　21
GLUT1　117
GLUT4　21, 117

HIF-1α　60
HSL　109
hyperplasia　54, 59
hypertrophy　54, 58

IGF　59
IGF-I　63
IRS-1　31

LH　114, 116
LKB1　26

MHC 56	PDH 103	SSRI 46
Mrf4 55	PDHキナーゼ 103	
mRNA 14	PGC-1α 61, 63	T管 22, 27
mTOR 63	PI3キナーゼ 31	TCA回路 19, 85, 102
Myf5 55	Poly-I：C 51	TGF-β 46, 119
Myod 55	PPAR-α 63	TMN 118
myogenin 55	PPAR-γ 61	
	PVH 114	UCP1遺伝子変異 151
NADH-CoQレダクターゼ複合体 87	RPE 71	VMH 114, 116
NO 29	RQ 69	
		W-7 27
OBLA 72	SR 27	

MEMO

編者略歴

伏木　亨（ふしき・とおる）

1953 年　京都府に生まれる
1980 年　京都大学大学院農学研究科博士課程修了
現　在　京都大学大学院農学研究科教授
　　　　農学博士

運動と栄養と食品　　　　　　　　　定価はカバーに表示

2006 年 11 月 25 日　初版第 1 刷
2009 年 6 月 20 日　　第 3 刷

　　　　　　　　　編　者　伏　木　　　亨
　　　　　　　　　発行者　朝　倉　邦　造
　　　　　　　　　発行所　株式会社　朝　倉　書　店
　　　　　　　　　　　　　東京都新宿区新小川町 6-29
　　　　　　　　　　　　　郵便番号 162-8707
　　　　　　　　　　　　　電話 03（3260）0141
〈検印省略〉　　　　　　　　　FAX 03（3260）0180
　　　　　　　　　　　　　http://www.asakura.co.jp

© 2006〈無断複写・転載を禁ず〉　　シナノ・渡辺製本

ISBN 978-4-254-69041-5　C 3075　　Printed in Japan

トレーニング科学研究会編 シリーズ[トレーニングの科学] 1 **レジスタンス・トレーニング** 69015-6　C3075　　　　A 5 判 296頁 本体5200円	〔内容〕レジスタンストレーニングの実際と課題・基礎／競技スポーツにおけるレジスタンストレーニングの実際と課題(20種目)／一般人におけるレジスタンストレーニングの実際と課題／レジスタンストレーニングにおけるけがと障害／他
トレーニング科学研究会編 シリーズ[トレーニングの科学] 3 **コンディショニングの科学** 69017-0　C3075　　　　A 5 判 232頁 本体4400円	〔内容〕基礎編(コンディショニングとは／コンディショニングマネージメント／ピーキング／グリコーゲンローディング／減量／オーバートレーニング／スポーツPNF／アスレチックトレーナー／女性)／種目編(マラソンほか15競技種目)
トレーニング科学研究会編 シリーズ[トレーニングの科学] 5 競技力向上の**スポーツ栄養学** 69019-4　C3075　　　　A 5 判 208頁 本体3800円	〔内容〕トレーニングと食事のタイミング／スポーツ種目別にみた栄養素の配分／スポーツ飲料の基礎／ジュニア期のスポーツと食事の配慮／高所トレーニングにおける食事／種目別・期分け別献立例／付録：栄養補助食品・飲料リスト／他。
早大 寒川恒夫編 **図説　ス　ポ　ー　ツ　史** 69023-1　C3075　　　　B 5 判 216頁 本体5200円	わが国初のスポーツ史の成書。読者は目で楽しみながら(500の図・写真)スポーツの歴史の流れを学ぶことができる。〔内容〕未開社会のスポーツ／古代文明のスポーツ／前近代社会のスポーツ／近代社会のスポーツ／後近代社会のスポーツ／他
京大 森谷敏夫・元日女体大 根本　勇編 **ス　ポ　ー　ツ　生　理　学** 69027-9　C3075　　　　A 5 判 296頁 本体5500円	身体運動・スポーツ発現および適応のメカニズムに関するスポーツ生理の基礎と各種スポーツトレーニング法とその応用例について，最新の研究成果をもとに簡潔・平易に解説されている。競技力向上に取組むコーチ，指導者，学生必備の書
元慈恵医大 小野三嗣・川崎医療福祉大 小野寺昇・ 国際武道大 成澤三雄著 **新　運　動　の　生　理　科　学** 69030-9　C3075　　　　A 5 判 168頁 本体2900円	解剖生理学的知見は必要最小限にとどめ，運動が生体機能に及ぼす影響に重点をおいて28のテーマを設け，進展を続けるこの領域の最先端の成果を取込みながら，現代の運動生理学全貌について多くの図表を用いて明解簡潔に解説
前筑波大 勝田　茂編著 **運　動　生　理　学　20　講**（第2版） 69032-3　C3075　　　　B 5 判 164頁 本体3400円	好評を博した旧版を全面改訂。全体を20章にまとめ，章末には設問を設けた。〔内容〕骨格筋の構造と機能／筋力と筋パワー／神経系による運動の調節／運動時のホルモン分泌／運動と呼吸・心循環／運動時の水分・栄養摂取／運動と発育発達／他
神戸大 武井義明著 **健康・スポーツ科学** 69034-7　C3075　　　　A 5 判 136頁 本体2800円	「ヒト(生体)」に関して運動生理学と"複雑系"の側面から理解することで「人」を知ることをめざし，大学・短大向けに平易に解説。〔内容〕健康・スポーツ科学とは何か／運動生理学によるヒトの理解／生体協同現象学によるヒトの理解
中京大 湯浅景元・順天大 青木純一郎・ 鹿屋体大 福永哲夫編 体力づくりのための**スポーツ科学** 69036-1　C3075　　　　A 5 判 212頁 本体2900円	健康なライフスタイルのための生活習慣・体力づくりをテーマに，生涯体育の観点からまとめられた学生向けテキスト。〔内容〕大学生と体力／体力づくりのためのトレーニング／生活習慣と食事／女子学生の体力づくり／生涯にわたる体力づくり
東大 深代千之・中京大 桜井伸二・東大 平野裕一・ 筑波大 阿江通良編著 **スポーツバイオメカニクス** 69038-5　C3075　　　　B 5 判 164頁 本体3500円	スポーツの中に見られる身体運動のメカニズムをバイオメカニクスの観点から整理し，バイオメカニクスの研究方法について具体的に解説。〔内容〕発達と加齢・臨床におけるバイオメカニクス／力学の基礎／計測とデータ処理／解析／評価／他

筑波大 阿江通良・筑波大 藤井範久著

スポーツバイオメカニクス20講

69040-8 C3075　　　A5判 184頁 本体3200円

スポーツの指導，特に技術の指導やトレーニングを効果的に行うためには，身体運動を力学的に観察し分析することが不可欠である。本書はスポーツバイオメカニクスの基礎を多数の図(130)を用いて簡潔明快に解説したベストの入門書である

国立スポーツ科学センター 浅見俊雄著
現代の体育・スポーツ科学

スポーツトレーニング

69517-5 C3375　　　A5判 180頁 本体3700円

〈勝つためのトレーニング〉への好指針。〔内容〕動く身体の構造と機能／体力トレーニング／技術と戦術のトレーニング／意志のトレーニング／発育・発達とトレーニング／トレーニング計画の立て方・進め方／スポーツ指導者の役割／他

前早大 永田 晟著
現代の体育・スポーツ科学

スポーツ・ダイナミクス

69519-9 C3375　　　A5判 216頁 本体3300円

複雑な各種スポーツのメカニクスとその背景となる科学的な知識について多数の図を用いて解説。〔内容〕スポーツのメカニクス／体育科教育のバイオ・ダイナミクス／スポーツ力学と運動方程式／関節のダイナミクス／スポーツ医学と事故

大阪体大 金子公宥著
現代の体育・スポーツ科学

パワーアップの科学
―人体エンジンのパワーと効率―

69521-2 C3375　　　A5判 232頁 本体3800円

多数の図(200)を駆使してエネルギー論的アプローチにより，ヒトの身体活動とその能力を明快に解説。〔内容〕パワーとは何か／人体エンジンのパワー／筋肉の特性と出力パワー／パワーの発育発達とトレーニング／人体エンジンの効率／他

前筑波大 池上晴夫著
現代の体育・スポーツ科学

新版 運 動 処 方
―理論と実際―

69522-9 C3375　　　A5判 288頁 本体4600円

運動処方のすべてを明快・具体的に解説。〔内容〕健康と運動と体力／運動の効果（自覚的効果・心臓・血圧・動脈硬化・有酸素能力・全身持久力・体温調節機能・肥満と血中脂質・体力に及ぼす効果／喫煙と運動／運動と栄養）／運動処方の実際

前筑波大 松浦義行編著
現代の体育・スポーツ科学

数 理 体 力 学

69524-3 C3375　　　A5判 216頁 本体3600円

〔内容〕体力の測定・評価の数理／体力発達の数理的解析／数理体力学の諸問題（スポーツ科学への数学的接近の必要性，数学的アプローチの長所と限界，帰納的数理と演繹的数理による接近）／スポーツ現象理解のための数理モデルの構築と実際

前筑波大 池上晴夫編
現代の体育・スポーツ科学

身体機能の調節性
―運動に対する応答を中心に―

69526-7 C3375　　　A5判 288頁 本体4800円

運動を切口にして生理機能の調節性を解説。〔内容〕エネルギーの需要と供給／呼吸系の応答／循環系の応答／重力と運動／高地と運動／運動と骨格筋／運動と発汗調節／運動と体液の調節／四肢の運動調節／姿勢の調節／運動と内分泌系／他

鹿屋体大 芝山秀太郎・東亜大 江橋 博編
現代の体育・スポーツ科学

フィットネススポーツの科学

69527-4 C3375　　　A5判 192頁 本体3500円

健康づくりに役立つフィットネススポーツを実際的に解説。〔内容〕健康づくりとフィットネススポーツ／運動処方とフィットネススポーツ／長期間のフィットネススポーツとその効果／ウエイトコントロール／フィットネススポーツ処方の実際他

日女体大 加賀谷淳子編
現代の体育・スポーツ科学

女性とスポーツ
―動くからだの科学―

69528-1 C3375　　　A5判 240頁 本体4500円

〔内容〕遺伝子からみた性差／体格と身体組成／女性の筋・神経系・呼吸・循環系・内分泌系の特性と運動／女性の代謝特性と減量／運動と骨／妊娠出産とスポーツ／男性と女性の動きの相違／女性の競技記録／女性の運動と身体に関する資料集

大妻女大 大澤清二著
現代の体育・スポーツ科学

スポーツと寿命

69529-8 C3375　　　A5判 240頁 本体4800円

〔内容〕寿命と運動／体力と寿命／体格と寿命／ライフスタイルと寿命／スポーツ習慣と寿命／日本人スポーツマンの寿命／スポーツ種目と寿命／スポーツマンの死因／スポーツによる障害と事故死の確率／女性とスポーツ／他

女子栄養大 五明紀春・女子栄養大 渡邉早苗・ 愛知学泉大 小原郁夫・関東学院大 山田哲雄編 最新栄養科学シリーズ1 **基　礎　栄　養　学** 61621-7　C3377　　　　B 5 判 168頁 本体2900円	〔内容〕栄養と食生活(現代の食生活・からだと栄養・エネルギー代謝)／栄養素の生理的作用(糖質・脂質・たんぱく質・ビタミン・無機質・水・電解質)／栄養素の発見と遺伝子(栄養学の歴史・遺伝子発現と栄養)
女子栄養大 五明紀春・女子栄養大 渡邉早苗・ 愛知学泉大 小原郁夫・関東学院大 山田哲雄編 最新栄養科学シリーズ2 **応　用　栄　養　学** 61622-4　C3377　　　　B 5 判 196頁 本体2900円	〔内容〕人と栄養管理(栄養マネジメント／栄養ケア／栄養評価)／栄養の要求(成長・発達と加齢／栄養必要量)ライフステージと栄養管理(妊娠期／授乳期／新生児期／幼児期／学童期／思春期／成人期／閉経期／高齢期)／運動，環境と栄養
武庫川女子大 大鶴　勝編 テキスト食物と栄養科学シリーズ3 **食品学・食品機能学** 61643-9　C3377　　　　B 5 判 192頁 本体2900円	基礎を押さえた読みやすく，理解しやすいテキスト。管理栄養士と国試改正新ガイドラインに対応。〔内容〕人間と食品／食品の分類／食品成分と栄養素／食品成分の化学と物性／食品素材の栄養特性／食品の機能／栄養強調表示と健康強調表示／他
滋賀県大 田中敬子・武庫川女大 爲房恭子編 テキスト食物と栄養科学シリーズ7 **応　用　栄　養　学** 61647-7　C3377　　　　B 5 判 176頁 本体2700円	〔内容〕栄養アセスメントとは／行動科学理論の応用／成長・発達・加齢／妊娠期の栄養／授乳期／新生児・乳児期／幼児期／学童期／思春期／成人期／閉経期／高齢期の栄養／運動・スポーツと栄養／栄養必要量の科学的根拠／環境と栄養／他
M.ケント編著　　鹿屋体大 福永哲夫監訳 オックスフォード辞典シリーズ **オックスフォード スポーツ医科学辞典** 69033-0　C3575　　　　A 5 判 592頁 本体14000円	定評あるOxford University Press社の"The Oxford Dictionary of Sports Science and Medicine (2nd Edition)"(1998年)の完訳版。解剖学，バイオメカニクス，運動生理学，栄養学，トレーニング科学，スポーツ心理学・社会学，スポーツ医学，測定・評価などスポーツ科学全般にわたる約7500項目を50音順配列で簡明に解説(図版165)。関連諸科学の学際的協力を得て，その領域に広がりをみせつつあるスポーツ科学に携わる人々にとって待望の用語辞典
鹿屋体大 福永哲夫編 **筋　の　科　学　事　典** ―構造・機能・運動― 69039-2　C3575　　　　B 5 判 528頁 本体18000円	人間の身体運動をつかさどる最も基本的な組織としての「ヒト骨格筋」。その解剖学的構造と機能的特性について最新の科学的資料に基づき総合的に解説。「運動する筋の科学」について基礎から応用までを網羅した。〔内容〕身体運動を生み出す筋の構造と機能／骨格筋の解剖と生理／骨格筋の機能を決定する形態学的要因／筋の代謝と筋線維組成／筋を活動させる神経機序／筋収縮の効率／筋と環境／筋のトレーニング／筋とスポーツ／人体筋の計測／筋とコンディショニング
トレーニング科学研究会編 **トレーニング科学ハンドブック** (新装版) 69042-2　C3075　　　　B 5 判 560頁 本体22000円	競技力向上と健康増進の二つの視点から，トレーニング科学にかかわる基本的な事項と最新の情報のすべてがわかりやすいかたちで一冊の中に盛込まれている。〔内容〕素質とトレーニングの可能性／トレーニングの原則と実際／トレーニングマネージメント／トレーニングの種類と方法／トレーニングの評価法／トレーニングとスポーツ医学／トレーニングによる生体適応／トレーニングに及ぼす生物学的因子／トレーニングへの科学的アプローチ／トレーニングと疾患／用語解説／他

上記価格(税別)は 2009 年 5 月現在